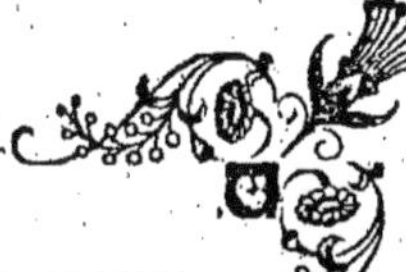

SOCIÉTÉ DE L'INDUSTRIE DE LA MAYENNE.

COMPTE-RENDU

DE

L'EXPOSITION

Ouverte à Laval, le 1er Septembre 1852,

ET RAPPORTS

DES DIVERSES SECTIONS DU JURY.

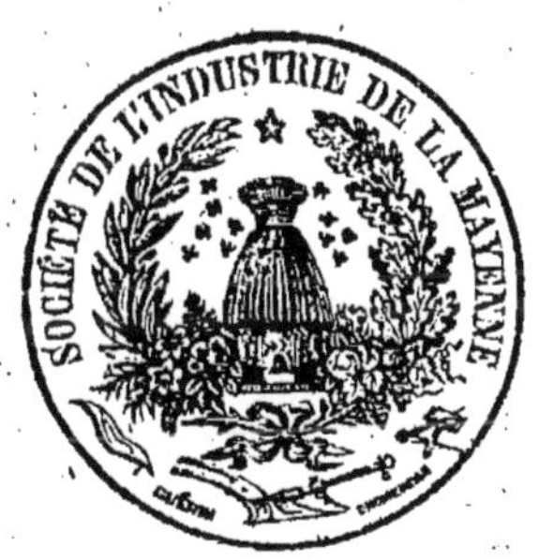

LAVAL

IMPRIMERIE DE H. GODBERT, LIBRAIRE, RUE DE LA TRINITÉ, 25.

1853.

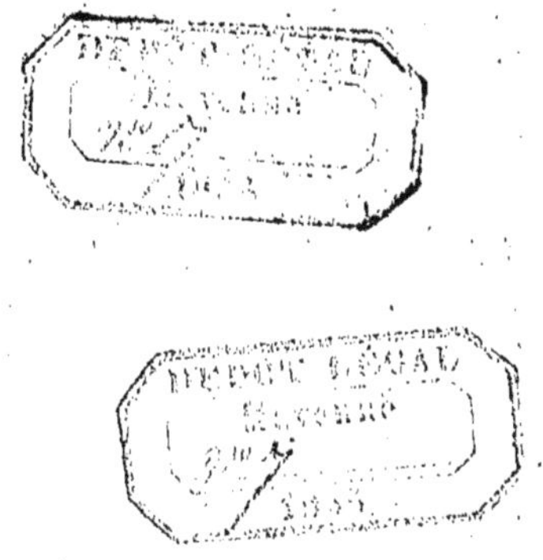

SOCIÉTÉ DE L'INDUSTRIE

DE LA MAYENNE.

SOCIÉTÉ DE L'INDUSTRIE DE LA MAYENNE.

COMPTE-RENDU

DE L'EXPOSITION

OUVERTE A LAVAL, LE 1er SEPTEMBRE 1852,

ET RAPPORTS

DES DIVERSES SECTIONS DU JURY.

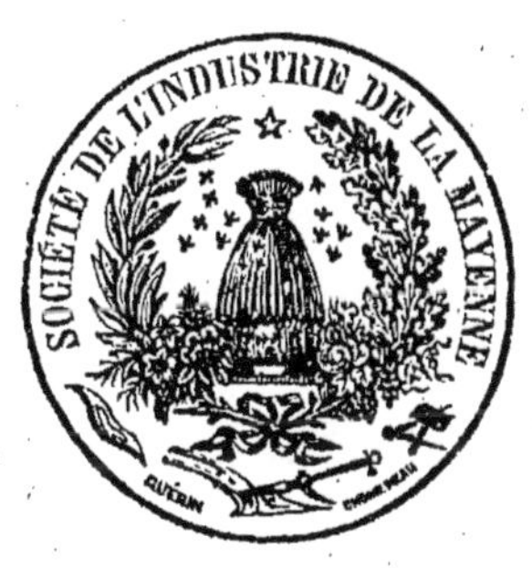

LAVAL

IMPRIMERIE DE H. GODBERT, LIBRAIRE

Rue de la Trinité, 25.

1853.

SOCIÉTÉ DE L'INDUSTRIE DE LA MAYENNE.

COMPTE-RENDU

DE L'EXPOSITION

OUVERTE A LAVAL, LE 1er SEPTEMBRE 1852,

ET RAPPORTS

DES DIVERSES SECTIONS DU JURY.

§ I.

Introduction.—Compte-rendu général de l'Exposition, par M. JULES LEFIZELIER, *secrétaire de la Société.*

La création d'Expositions périodiques de l'Industrie dans le département de la Mayenne, a été le principal but des fondateurs de notre Société.

Il y a à peine un demi siècle qu'a eu lieu pour la première fois une Exposition Industrielle, et l'influence de ces concours civilisateurs sur le développement de l'industrie, et sur le progrès des arts a été si grande, que personne ne songe plus maintenant à en contester l'utilité. La France avait donné l'exemple, les Etats étrangers l'imitèrent, et bientôt l'Angleterre convoqua le monde entier, dans son Palais de cristal, à une Exposition universelle.

A côté de nos concours nationaux dont l'éclat allait toujours croissant, des Expositions particulières s'organisaient dans les provinces, et acquéraient chaque jour, plus d'importance et plus de faveur, car les populations avaient sous les yeux, touchaient du doigt, pour ainsi dire, les heureux résultats qu'elles produisent. Les industriels, les ouvriers remarquaient que ces Expositions augmentaient la consommation, ouvraient un nouveau débouché à leurs produits (1); en outre ils reconnaissaient qu'il n'est pas de moyens plus efficaces de publicité, cette nécessité impérieuse de l'époque moderne.

Sans parler de leur influence morale, toute sérieuse qu'elle soit, les Expositions ont encore d'autres avantages; elles stimulent l'énergie et l'activité des industriels, et sont des écoles où chacun trouve des exemples qui l'instruisent. « Elles sont, disait un auguste « personnage, une sorte de cours pratique où chacun « doit trouver la juste appréciation de ses travaux, de « ses inventions, de ses découvertes. L'épreuve du « jugement public classe tout à sa juste valeur, et « en fait d'industrie, il faut toujours revenir à ce qui

(1) L'Exposition de Laval a prouvé ceci jusqu'à l'évidence. Des achats considérables ont eu lieu. Nous citerons, comme exemple seulement, la maison Hermant, de Rennes, qui le jour même de l'arrivée de ses papiers peints, à l'Exposition, en a placé pour une somme considérable; MM. Bachmann, d'Angers, inconnus à Laval, qui ont vendu douze pianos; M. Jusseaume, de Nantes, également inconnu, qui a laissé dans le pays neuf fourneaux économiques. Des industriels et des ouvriers du département qu'il serait trop long de citer ici ont reçu également de nombreuses commandes.

« est approuvé ou désiré par le public, car c'est là « le moyen de faciliter et d'augmenter la consomma- « tion. »

Dans notre département une Exposition Industrielle devait avoir une utilité bien plus grande encore. Elle pouvait signaler nos produits naturels, nos marbres par exemple, trop peu connus jusqu'à présent, et par suite augmenter leur exploitation. — Elle pouvait attirer l'attention sur nos manufactures, et faire connaître sous leur véritable nom leurs magnifiques produits vendus trop souvent sous des noms étrangers.

C'est pour atteindre ces résultats que la Société a organisé une Exposition. Mais elle n'a pas voulu que ce fût une exhibition des produits du seul département de la Mayenne. Elle a appelé à y prendre part les quatre départements limitrophes (Ille-et-Vilaine, Maine-et-Loire, Sarthe et Loire-Inférieure). Par l'entremise des autorités départementales, une sorte d'union industrielle s'est formée entre ces cinq départements. Chacun d'eux, à tour de rôle, aura à son chef-lieu son Exposition à laquelle les autres pourront concourir. Laval a inauguré ces *Expositions régionales de l'Ouest*, et sans vouloir exagérer l'importance d'une simple Exposition de province, il faut reconnaître que nos espérances et nos vœux ont été surpassés. Plus de cinq cents exposants ont pris part à la lutte, et toutes les branches si diverses de l'Industrie moderne, y étaient représentées (1).

L'Exposition de Laval s'est ouverte le 1er Septembre 1852.

(1) Le Catalogue porte 880 numéros. Mais il faut remarquer que les horticulteurs, les fabricants et beaucoup d'industriels n'ont chacun qu'un seul numéro pour tous leurs produits.

A deux heures, M. de Charnailles, préfet de la Mayenne, et son Conseil de préfecture, le Conseil général, le Conseil municipal conduit par M. Toutain, remplissant les fonctions de maire, toutes les autorités civiles et militaires, sont arrivées précédées de la musique du 5me de ligne; elles ont été reçues par M. le président de la Société de l'Industrie, le bureau et les commissaires de l'Exposition.

Une cantate composée pour cette solennité a été chantée par un chœur de quatre-vingts voix, et accompagnée par l'orchestre de la Société philharmonique (1).

M. le préfet de la Mayenne, et les autorités conduites par le président de la Société ont ensuite parcouru les Galeries, examinant successivement tous les produits exposés. Pendant cette visite, la musique de la ville exécutait des morceaux d'harmonie.

A cette cérémonie d'inauguration, assistait une foule considérable, foule qui n'a cessé de se presser chaque jour dans les Galeries pendant le mois de Septembre. Tous les habitants de Laval, un nombre immense de curieux du département, des départements limitrophes, de la capitale, et même d'étrangers, ont visité notre Exposition. On peut évaluer à *soixante mille* le nombre des visiteurs.

Le nombre des étrangers avait encore été accru par l'attrait des fêtes que la ville de Laval avait préparées pour l'ouverture de sa première Exposition. Idée heureuse; car il est bon de graver dans la mémoire des populations, par quelques grandes solennités, le sou-

(1) Voir l'Appendice.

venir de ces choses qui, comme l'ouverture d'une Exposition, l'inauguration d'un chemin de fer, etc., ont une influence considérable sur le développement de la prospérité d'un pays, et restent un des faits importants de son histoire (1).

Laval avait fait ce qu'aucune ville de province n'avait encore songé à faire. Le Conseil municipal et le Conseil général appréciant toute l'importance d'une Exposition pour le département de la Mayenne, avaient voté d'importantes subventions pour la construction d'un bâtiment uniquement consacré aux exhibitions industrielles ou autres.

Ce bâtiment d'une surface totale de 2,064 mètres carrés, construit dans l'ancien local de la Halle-aux-Toiles, et composé d'une vaste salle centrale à voûte vitrée avec galeries et nefs latérales, avait permis de classer et de disposer méthodiquement tous les objets exposés.

Une commission en grande partie composée de jeunes hommes (2) avait présidé à ce classement et à l'organisation générale de l'Exposition.

(1) Voir à l'Appendice le compte-rendu de ces fêtes.

(2) Cette commission nommée par arrêté du Conseil d'administration du 14 juin, était chargée du placement et de la conservation des objets. Elle se composait de M. Toutain père, membre du Conseil d'administration, président, des trois secrétaires de la Société, MM. Chamaret, Jules Lefizelier, Georges Pont, et de MM. Allouel fils, Beaulnère fils, de Beaucé fils, Gustave Boisseau, Eugène Boullier, Alfred Boutreux, Bretonnière, Paul Courte, d'Aubert fils, des Cepeaux fils, Deschamps, d'Evry, Rodolphe Godbert, Auguste Guyard, Joniaux aîné, de Labarre, Alfred Lagrange, Charles Lagrange, Joseph Lelièvre, Gustave Lefizelier, Joseph Letourneurs, Edouard Piednoir, Henri Rubillard, Louis Segretain, Julien Tirouflet, Emile et Raphaël Toutain, Théophile et Charles Veillard.

Quelque grandes que fussent les Galeries, on avait été obligé de mettre en dehors tous les gros objets : les pressoirs, les machines à battre avec leurs manèges que l'on faisait fonctionner quelquefois et qui étonnaient le public toujours nombreux à ces expériences et peu familiarisé encore avec ces machines. Dans la cour d'entrée, avaient été placés des échantillons d'arbres de pépinières, des arbres fruitiers en quenouille taillés d'après une nouvelle méthode ; des roues d'engrainage trop pesantes pour entrer dans les Galeries, les meules de moulins, les chariots de campagne, des herses, des charrues de toutes espèces, etc., enfin les engrais artificiels, avec les merveilleux échantillons de grains qu'ils ont produits.

Si de là on pénétrait dans les Galeries de l'Exposition, surtout pendant les jours trop courts qu'a duré l'Exposition des fleurs, le coup-d'œil était saisissant.

Les plantes et les fleurs habilement disposées en gradins, occupaient la grande salle du milieu.

Rien de grandiose comme ces arbres exotiques, ces palmiers, ces bananiers, ces dattiers aux longues feuilles, qui font rêver aux belles contrées d'où ils sont originaires ; au milieu des plantes grasses aux formes singulières et à peine ébauchées, on remarquait le Pilocereus senilis étonnant par sa force ; et un Agave mexicana (aloès) en fleur, le seul qui ait fleuri cette année en France avec un de ses congénères du Jardin des Plantes de Montpellier ; cette verdure était égayée par une collection variée de toutes les fleurs si brillantes de l'automne : Gloxinia, Begonia, Petunia, Fuschia, Verveines, etc., et par une admirable collection de fruits de toute sorte.

Lorsque l'Exposition d'horticulture fût terminée, la commission fit placer dans la grande salle, des métiers à la Jacquart et des presses lithographiques, qui fonctionnaient sous les yeux du public.

Dans la première travée en entrant, on avait disposé les échantillons de toutes les richesses minérales, si abondantes et si variées de notre pays : des blocs d'anthracites de toutes les mines exploitées dans le département, les beaux marbres des carrières de Grez-en-Bouëre, de Louverné, les ardoises de Chattemoue, etc., les produits des arts céramiques : les poteries, les vases, les statues en terre des Agets, les vitraux peints, et enfin à l'entrée de la galerie réservée à l'ébénisterie, les billards et les parquets.

Dans la première travée de gauche, se trouvaient au milieu la carrosserie, calèches, dog-cars, etc., les harnais, et dans la partie droite de cette travée, sur des tables adossées aux piliers de la grande salle, les produits agricoles, des gerbes de blé, des paquets de chanvre d'une hauteur incroyable, puis les substances alimentaires, conserves, vins, liqueurs, chocolats, les instruments propres aux arts alimentaires : les barattes, les plats à crême, enfin les cires, les bougies, etc. Dans la deuxième travée de gauche, les minerais, les fontes, les fers, les machines à vapeur et autres, les pompes, les fourneaux économiques, les calorifères, une des parties les plus complètes et les plus brillantes de l'Exposition.

Des deux travées situées à droite, la première est entièrement consacrée aux tissus. C'est là que brillent dans tout leur éclat ces coutils, si beaux, si variés, la gloire et la richesse de Laval, les toiles, les linges de table damassés, puis les fils, et les cotons filés et non filés, et enfin les outils et instruments employés dans la fabrication des tissus. — Dans la deuxième travée, on avait placé ce qui tient aux arts domiciliaires, les papiers peints, l'ébénisterie et la menuiserie, les lits, tables, etc., puis les treillages et les meubles rustiques; enfin les cuirs si remarquables de Laval et de Rennes. A l'extrémité, un boudoir tout tendu de toile de Perse, avec ses meubles, ses glaces, ses tapis, ses potiches, avait été construit par M. Ficquemont de Rennes.

La grande salle du milieu avait été réservée aux objets les plus brillants, ainsi qu'aux arts divers. — Les piliers étaient décorés des bannières de nos anciennes corporations, et de drapeaux aux couleurs nationales. Sur de grandes toiles peintes on avait représenté les armes de la ville de Laval, et celles des villes chefs-lieux des quatre départements associés : Rennes, Angers, Nantes, et le Mans. A l'un des angles de cette salle, se dressait le bel orgue de M. Gand; à l'angle en face, un autel en pierre sculpté; à l'autre extrémité, un brillant fourneau économique de MM. Joniaux, de Laval, et une chaire à prêcher en fonte de M. Covlet; enfin au dernier angle, l'appareil distillo-évaporatoire de M. Schweger. — Sur des tables tout autour, étaient étalés les produits de la coutellerie, de la serrurerie, de l'horlogerie, et parmi ceux-ci une magnifique horloge de M. Gourdin, les instruments de précision et de mathématiques, l'orfévrerie, les verres et les cristaux, la papeterie, la reliure, la lithographie, les petits objets tournés et sculptés en bois, les jouets d'enfants, les fleurs artificielles, les animaux empaillés; enfin la décoration de cette salle était complétée par les encadrements, les glaces et les consoles dorées, et tout autour par les tapis de la manufacture d'Amboise.

De cette salle on entrait dans la travée du fond entièrement consacrée aux beaux-arts : peinture, dessin, sculpture, instruments de musique. On y avait aussi placé des montres renfermant des objets d'art anciens, de magnifiques émaux, d'anciennes heures manuscrites, et autres curiosités, parmi lesquelles un médaillier très complet, appartenant à M. Candy, de Laval, renfermant des monnaies de presque tous les rois de France, depuis les Carlovingiens jusqu'à nos jours, ainsi qu'une collection de monnaies grecques et romaines d'or, d'argent et de cuivre.

De la travée des beaux-arts, on montait par deux escaliers dans une galerie supérieure consacrée aux arts vestiaires, et d'où les visiteurs jouissaient du coup-d'œil complet de l'Exposition. On y avait mis les chaussures, les habillements confectionnés, les caoutchoucs, la chapellerie, les corsets, les broderies, et parmi celles-ci, les admirables châles brodés au filet de la maison Foulquier de Paris, et confectionnés à Laval.

Pour juger et apprécier tant d'objets divers, un arrêté du Conseil d'administration du 14 juin 1852, avait prescrit qu'un jury composé de membres du Conseil d'administration, d'industriels et d'hommes spéciaux, serait chargé d'examiner les produits et de proposer les récompenses à accorder aux exposants ; qu'il serait divisé en plusieurs Sections, présidées chacune par un membre du Conseil d'administration. Chaque Section devait nommer à la majorité des voix, un vice-président et un rapporteur.

Les Sections ont été formées ainsi qu'il suit :

Ire Section. — *Agriculture.* — MM. La Bérangerie, président du Comice agricole, membre du Conseil d'administration, *président ;* Guédon-Rubillard, propriétaire à Laval, *rapporteur ;* Denis, membre du Conseil d'administration de l'arrondissement de Mayenne ; Gernigon, membre du Conseil d'administration de l'arrondissement de Château-Gontier ; E. Jamet, membre du Conseil d'administration de l'arrondissement de Château-Gontier ; Chrétien, directeur de la Ferme-Ecole du Camp ; Collet-Chouannière, propriétaire à Laval ; Georges d'Ozouville, propriétaire à Laval ; Guichard père, agriculteur et fabricant de chaux.

Sous-Section. — *Horticulture.* — MM. Chamaret, secrétaire de la Société d'Horticulture, secrétaire-général de la Société de l'Industrie, *président ;* La Beauluère fils, *rapporteur ;* de Landevoisin, de Vaubernier ; de Laubinière ; Boutreux père ; de Viennay.

IIe Section. — *Tissus.* — *Manufactures.* — MM. Baptiste Couanier, trésorier de la Société de l'Industrie, *président* et *rapporteur ;* Jules Le Clerc, membre du Conseil d'administration ; Léon Rigot, membre du Conseil d'administration de l'arrondissement de Château-Gontier ; Chaignon, banquier, à Château-Gontier ; Frédéric Le Segretain, ancien négociant ; Marie-Rousselière, ancien négociant ; Piednoir, banquier, négociant ; Davaux, négociant ; N. Turpin-Tréhardière, négociant ; H. Velay, négociant ; Victor Cherouvrier, négociant.

IIIe Section. — *Produits minéraux.* — *Métallurgie.* — *Machines.* — MM. Jules Le Clerc, membre du

Conseil d'administration de la Société, *président*; Caillaux, ingénieur, *rapporteur*; Clenet, membre du Conseil d'administration de l'arrondissement de Mayenne; de Maubué, ingénieur en chef; Marié, maître de forges; Renouf, ingénieur; de Gouvenais, ingénieur; Charles Hubert, directeur général des mines de Sarthe et Mayenne; de Lévaré; Doudet, architecte; Sammինn, directeur des mines de Saint-Pierre-la-Cour.

IV° SECTION. — *Economie domestique. — Arts chimiques. — Industries diverses.* — MM. Gasté, président du Tribunal civil, membre du Conseil d'administration de la Société, *président*; Piquet, banquier, *rapporteur*; G. Pont, secrétaire-adjoint de la Société de l'Industrie; Leveillé, membre du Conseil d'administration de l'arrondissement de Mayenne; Côme, professeur de physique et de chimie; Naudet, professeur; Th. Hubert, docteur-médecin; Du Jardin, ingénieur; Allouel fils; Lefizelier Gustave.

V° SECTION. — *Beaux-arts et industries qui s'y rattachent.* — MM. La Beaulnère père, membre du Conseil d'administration, *président*; Jules Lefizelier, secrétaire de la Société, *rapporteur*; Cogniard, membre du Conseil d'administration de l'arrondissement de Mayenne; de la Broise, propriétaire; Louis Segretain, conseiller de préfecture; Vauguyon, membre du Conseil municipal; Renous, architecte; Philippe Blottais, propriétaire à Laval; Mondrel, ingénieur; Desaint, propriétaire; d'Aubert fils, propriétaire; d'Evry, propriétaire à Changé, près Laval.

Les sections n'ont point oublié combien leur tâche était délicate et difficile, surtout pour une première Exposition. Elles se sont entourées de tous les renseignements possibles, ont recueilli toutes les indications, et, chaque fois qu'elles en ont senti le besoin, elles se sont adjoint des hommes spéciaux et habiles dans les arts qu'elles avaient à apprécier. Ce que le jury a voulu récompenser avant tout, c'est l'utilité pratique et la bonne qualité des produits. Le bon marché, l'importance des industries, leur développement dans notre pays ont toujours été pris en grande considération par lui.

Les récompenses qu'il a proposées ont été rangées dans l'ordre suivant :

1° *Les vases de Sèvres* donnés par le gouvernement, comme récompenses hors ligne.

2° Les médailles d'or.

3° Les médailles d'argent, grand et petit module.

4° Les médailles de bronze.

5° Les mentions honorables.

6° Les citations favorables.

Le 29 septembre, dans une réunion générale, de tous les membres du Conseil d'administration, des rapporteurs de chaque section, et des délégués des départements associés, il a été, aux termes de l'art. 7 du Règlement du 14 juin, définitivement statué sur les droits des exposants et sur les récompenses à leur accorder.

Enfin le 30 septembre, jour qui restera à jamais gravé dans les annales de notre ville, les récompenses ont été distribuées aux exposants.

Le matin, à 9 heures, une messe solennelle d'actions de grâce fut célébrée dans l'église de la Trinité, par Monseigneur l'évêque du Mans, qui déjà était venu bénir la première pierre des Galeries. Toutes les autorités, le bureau et les commissaires de la Société, de nombreux exposants, assistaient à cette pieuse cérémonie, pendant laquelle M. Des Cepeaux, président de la Société, a fait une quête fructueuse pour les pauvres.

Cette cérémonie était à peine terminée, que la foule envahissait déjà les Galeries, tant pour jouir une dernière fois du spectacle de l'Exposition que pour assister à la distribution des récompenses, chose nouvelle pour notre population.

M. de Charnailles, préfet de la Mayenne, est arrivé à 2 heures avec toutes les autorités civiles et militaires, et bientôt après Monseigneur l'évêque du Mans, avec un clergé nombreux.

Ils ont pris place sur une estrade avec M. le président de la Société, M. le maire de la ville de Laval, M. le général, MM. les présidents des Sections du jury, et M. Chamaret, secrétaire général de la Société.

M. le préfet de la Mayenne a le premier pris la parole en ces termes :

Messieurs,

Avant de clore le brillant concours industriel qui dure depuis un mois, avant de distribuer à MM. les exposants les récompenses qu'ils ont si dignement conquises, laissez-moi me féliciter de la bonne fortune qui m'est échue et que j'aurais voulu justifier par une coopération plus complète et plus large à une œuvre qui vient de faire dans le département une sensation si profonde.

Mais, si je n'ai pu m'associer que tardivement à son organisation, nul n'a joui plus que moi du brillant spectacle qui vient de nous être offert et du haut enseignement que l'industrie Mayennaise vient de donner aux départements voisins.

Comment, en effet, aurais-je pu demeurer indifférent à un acte d'une si haute portée ; indépendamment des intérêts locaux qui me sont chers, je ne saurais oublier que j'ai l'honneur de représenter ici un gouvernement qui s'est vu naguère contraint de proclamer, comme une vérité nouvelle, ce principe vieux comme la société, que le travail est la vraie, l'indispensable base de la grandeur et de la prospérité des peuples.

Il a fait mieux que le proclamer, il l'a démontré, car il a suffi au Prince-Président de jeter son épée entre la société et ses ennemis pour que le travail, et avec lui la prospérité dont il est la source, reprissent immédiatement leur cours.

Oui, Messieurs, l'élan actuel et général de toutes les industries, les capitaux qui abondent et viennent seconder les efforts des travailleurs, tout cela est dû au gouvernement du Prince qui, en calmant les mauvaises passions, a rouvert les écluses de la richesse publique et rendu la fécondité à un sol que le venin révolutionnaire avait momentanément frappé de stérilité.

Depuis Henri IV et Sully, qui, les premiers, encouragèrent en France les industries agricoles et manufacturières, depuis le grand Colbert, qui avait fait de la manufacture française l'objet habituel de ses préoccupations, et qui, par des réglements sévères, lui avait imprimé le caractère de haute moralité qui fit longtemps sa gloire et son crédit dans le monde commercial, tous les gouvernements qui se sont succédés en France ont cherché, par des voies diverses, à développer ces précieux élémens de la richesse publique.

Mais, de tous les moyens de les faire progresser, le plus rapide et le plus fécond, le plus propre à répandre la lumière et la vie, fut en même temps le plus tardif, je veux parler des expositions périodiques de notre industrie nationale.

Ce ne fut qu'après les évènements de la révolution, après les victoires qui nous avaient soumis la Belgique, la rive gauche du Rhin et le nord de l'Italie, que surgit cette heureuse pensée.

La première Exposition eut lieu en 1798, bientôt suivie de celles de l'an II, de l'an III et de l'an VI, où figuraient les produits de 110 départements qui composaient alors la France impériale.

Encore une institution due à cette immortelle époque du Consulat et de l'Empire, de laquelle nous tenons en réalité tout ce que la France possède aujourd'hui de grand et de durable, car la révolution avait tout renversé de son souffle destructeur et s'agitait sur des ruines, impuissante à rien réorganiser, quand le général Bonaparte fit le 18 brumaire et, pétrissant de sa main créatrice cet amas confus d'idées nouvelles, d'institutions détruites, de crimes odieux et de vertus héroïques, lui donna tout-à-coup cette forme puissante qui, durant quinze années, domina l'Europe.

Telle est la destinée de ce nom, que la Providence semble lui avoir donné la mission de cicatriser nos plaies et de féconder nos discordes civiles.

Mais l'Empereur ne faisait rien à demi; à peine avait-il conçu la pensée de régénérer notre industrie française, que déjà les distinctions les plus flatteuses, les récompenses les plus brillantes ne lui coûtaient rien pour encourager ceux qui lui faisaient faire quelque progrès.

Dans une visite à l'établissement de Jouy, fondé par Oberkamp pour la fabrication des toiles peintes, Napoléon détache sa propre croix pour en orner la poitrine de l'illustre industriel, et lui dit ces paroles remarquables :

« *Vous, comme fondateur de Jouy, et moi, comme Empereur,*
« *nous faisons aux Anglais une guerre acharnée; mais, il faut*
« *l'avouer, votre mode de guerroyer vaut mieux que le mien.* »

Bientôt après, ce même Oberkamp, ce modèle de vertu et de modestie, refusait la dignité de sénateur comme il avait refusé jadis les lettres de noblesse que lui offrait le roi Louis XVI.

Mais ce n'était pas seulement aux sommités de l'art industriel que l'Empereur réservait ses encouragements et ses faveurs.

Un simple ouvrier (c'est ainsi du moins qu'il avait commencé), inventeur d'une admirable machine que vous avez vue fonctionner dans cette enceinte, *Jacquart*, fut décoré de la croix de la Légion-d'Honneur, qu'enviaient alors avec ardeur les mérites les plus distingués et les plus hautes positions sociales.

Le grand homme savait bien que, si nous admirons à juste titre les talents favorisés par la fortune et l'éducation, nous devons une estime plus grande encore et des éloges plus éclatants à l'artisan qui, privé de ces secours, n'ayant pour lui que les ressources de la nature, s'habitue à penser profondément, tout en laissant travailler mécaniquement ses membres.

L'exemple était bon à suivre; il fut suivi en effet, car, à l'Exposition de 1834, un garçon de ferme, le laboureur Grangé, obtint la médaille d'or et la croix de la Légion-d'Honneur pour une charrue qu'il n'avait pas même exposée, mais que de nombreux plagiaires avaient tenté de produire sous leurs propres noms.

Avec de tels encouragements, la carrière industrielle avait nécessairement pris rang parmi les plus honorables et les plus recherchées, et grand a été son essor si l'on en juge par l'opulence des fortunes qui s'y sont faites, par le nombre des illustrations, des législateurs et des hommes d'Etat qu'elle a fournis depuis.

Il semblerait dès-lors qu'elle doive être chère à ceux qui, de père en fils, possèdent les traditions de la science et de l'honneur commercial, et que les relations formées à la longue, consolidées par une vieille réputation d'intelligence et de probité, se doivent transmettre comme un précieux patrimoine de famille.

Il n'en est malheureusement pas toujours ainsi : on voit les enfants de ceux qui ont acquis la fortune oublier qu'ils ont encore la gloire à conquérir et préférer l'oisiveté.

Les autres, malgré les leçons de l'expérience, abandonnent souvent, pour courir à de folles aventures, les honorables travaux de leurs pères, et se voient parfois conduits à maudire une société qu'ils croient ingrate, parce qu'ils n'ont pas su y garder leur place.

Cependant, l'élan donné par les premières années de l'Empire avait fondé en France le système des expositions périodiques ; elles se sont rapidement succédées depuis cette époque ; en 1819, 1823 et 1827, sous la Restauration ; en 1834, 1839 et 1844, sous le gouvernement de Juillet ; et, chaque fois plus brillantes, elles venaient témoigner de la puissante énergie de notre industrie.

Sans les désordres de février 1848, peut-être eussions-nous enlevé à nos voisins d'outre-Manche la gloire d'une Exposition universelle qu'ils ont réalisée, il faut le dire, avec un succès et un bonheur inouis, et que favorisaient du reste merveilleusement leurs relations avec toutes les parties du globe.

L'Exposition de Londres a dépassé tout ce qu'on pouvait attendre ; elle a été comme le poème épique de l'industrie ; mais l'édifice, si dignement couronné, a besoin d'être complété dans ses détails ; il faut organiser l'Exposition à tous les degrés de l'échelle nationale, afin de communiquer de proche en proche le bienfaisant esprit d'émulation qui féconde l'intelligence, combat la routine et stimule l'indifférence elle-même.

C'est ce que le département de la Mayenne vient de tenter en s'associant aux départements limitrophes, en leur portant un pacifique défi, où tous, vainqueurs et vaincus, auront quelque chose à gagner.

Mais, Messieurs, en voyant le beau résultat que nous avons sous les yeux, n'allez pas croire que ce fût chose simple et facile que de préparer à Laval une Exposition de l'industrie.

Si on l'avait pu croire un instant, il suffirait, pour se détromper, de l'expérience qui vient d'être faite : sans parler des questions d'argent généreusement résolues par le conseil municipal de Laval et le conseil général du département, vous dire les travaux préparatoires de la Société, les obstacles vaincus, les doutes décourageants et les sinistres prophéties qu'il a fallu braver, ce qu'il a fallu, en un mot, de volonté, de persévérance et de dévouement pour atteindre le but, ce serait peut-être blesser la modestie de ceux qui, sous l'impression d'un si beau succès, semblent oublier eux-mêmes les difficultés de leur œuvre.

Mais, honneur ! Messieurs, honneur à ceux qui ont conduit à bien une entreprise que je ne crains pas d'appeler colossale, si je me reporte aux moyens d'exécution dont disposèrent primitivement les inventeurs.

J'ai dit qu'elle avait fait dans le département une sensation profonde; mieux que cela, elle y demeurera à l'état d'institution et exercera sur son avenir une influence décisive.

Oui, Messieurs les membres de la Société de l'Industrie, vous avez des droits à la reconnaissance publique ; elle vous est déjà largement acquise, et je suis heureux de m'en faire ici l'interprète au nom de vos concitoyens, dont aucun ne reniera mes éloges, et au nom du gouvernement, car son intérêt s'attache à tout ce qui peut être utile aux ouvriers, dont les besoins, sans cesse présents à son esprit, sont l'objet de sa plus vive sollicitude.

M. Des Cepeaux, président de la Société, a répondu :

Messieurs,

Vous venez d'entendre les félicitations adressées par vos magistrats à la Société de l'Industrie de la Mayenne, ainsi que les éloges donnés à l'Exposition formée par ses soins. Vous avez sanctionné ces félicitations et ces éloges par vos applaudissements, et c'était justice, je ne crains pas de le dire.

Mais, dans cette solennité qui termine une première période de l'existence de notre association, il nous reste une obligation à remplir. En indiquant de quel point nous sommes partis, proclamer les services qui nous ont été rendus, reconnaître combien nous leur sommes redevables, voilà ce qu'il convient de faire en ce moment, et je me trouve heureux d'être ici l'interprète de notre administration pour remplir un tel devoir.

La Société de l'Industrie de la Mayenne, à peine constituée depuis deux ans, est parvenue, à force de zèle, d'activité, de persévérance, à atteindre le but qu'elle s'était proposé dès sa formation. Elle a réussi à organiser cette Exposition qui met à la fois sous nos yeux et les produits naturels de notre territoire et ceux qui sont le fruit du travail intelligent de sa population.

Je ne veux point rappeler les obstacles qui se sont rencontrés, ni les oppositions qu'il a fallu vaincre, je dirai seulement que toutes les difficultés ont été surmontées, et que le succès, un succès qui a dépassé toutes nos espérances, est venu couronner nos efforts.

Je n'ai pas à développer ici les avantages qui résultent d'une Exposition qui réunit sur un même point les diverses productions d'un pays. Ces avantages sont devenus évidents pour tous, et l'on ne peut plus les contester de bonne foi.

Une autre tâche m'est donnée par la Société qui m'a fait l'honneur de me choisir pour président. Cette tâche, dont je voudrais pouvoir m'acquitter dignement, c'est d'exprimer notre reconnaissance à tous ceux qui, en nous apportant leur concours, ont amené la réalisation des plans que nous avions formés.

Daignez donc permettre, Monseigneur, qu'à mon tour, je

m'adresse à vous et vous prie d'agréer, avant tous, le tribut de notre respectueuse gratitude pour la bienveillance toute paternelle avec laquelle vous avez accueilli notre entreprise. Non-seulement il vous a paru bon de venir deux fois la consacrer par vos bénédictions, mais, de plus, vous avez bien voulu inscrire votre nom dans la liste de nos sociétaires. Soyez assuré, Monseigneur, que ce nouveau témoignage de l'intérêt affectueux que vous portez aux gens de la Mayenne ne s'effacera pas de leur souvenir, et qu'il ajouterait encore, s'il était possible, aux sentiments de profonde vénération que vous leur inspirez.

Maintenant, je demande à l'assemblée qu'elle me permette de revenir sur quelques détails dont on l'a déjà entretenue, mais que je crois devoir développer davantage. Il importe que leur exactitude soit bien établie, car il est juste qu'on signale à la population de la Mayenne ceux auxquels elle est redevable d'un établissement qui peut devenir une source de prospérité pour le pays.

Dans ses commencements, la Société de l'Industrie, entrant dans une voie à peine tracée, avait besoin de secours et d'encouragements pour s'établir et réaliser ses projets. Ce fut dans ces conjonctures qu'elle fit appel à l'administration municipale de Laval, et celle-ci, appréciant aussitôt l'importance de l'entreprise commencée, n'hésita pas à venir à son aide avec le plus généreux empressement. Prenant donc l'initiative pour faciliter une Exposition industrielle dans la Mayenne, elle offrit le local de la Halle-aux-Toiles et vota une somme de seize mille francs pour l'approprier à sa nouvelle destination. Puis, quand il fallut subvenir à des frais imprévus, elle ne se refusa pas à faire de nouveaux sacrifices pour assurer la réussite des plans arrêtés. Ajoutons que MM. de Chalais et Toutain, qui, durant cette époque, ont fait, tour à tour, les fonctions de maire, se sont montrés toujours pleins de zèle pour soutenir notre cause et seconder nos efforts.

Ce fut encore d'après le rapport favorable de la mairie de Laval que le conseil général du département prit confiance en notre association et nous accorda, à deux reprises, des subventions pour faciliter l'achèvement de nos galeries.

Dès l'origine, tous les membres de l'un et de l'autre conseil s'étaient fait un devoir d'entrer dans la Société de l'Industrie, et plusieurs d'entre eux, en prenant une part active aux travaux de notre administration, ont mérité nos remerciements particuliers.

Pour compléter cette indication des soutiens que nous avons eus, de l'aide qui nous a été apportée, je dois faire mention de l'utile entremise de la préfecture pour établir notre association avec les départements voisins. Cette association, avantageuse pour tous, a enrichi nos galeries de produits vraiment remarquables, et elle aura pour conséquence d'amener une heureuse émulation entre les travailleurs des cinq départements.

J'ajouterai que M. le préfet, nouvellement arrivé au milieu de nous, a tout aussitôt apprécié favorablement notre œuvre ; il en a fait valoir l'importance auprès du gouvernement, et nous a témoigné, en toute occasion, l'intérêt qu'il prend à nos succès. Nous le prions d'en agréer nos remerciements sincères. Nous les adressons aussi aux autorités militaires qui se sont empressées de nous prêter leur utile protection. Je désirerais pouvoir nommer ici tous ceux à la Société a des obligations particulières ; je ne le saurais faire en ce moment ; cependant je ne me refuserai pas d'en citer quelques-uns.

Monsieur Renous, l'architecte chargé du plan des galeries et de la direction des travaux de construction, est parvenu, avec de modiques ressources, à élever un édifice remarquable par son élégance et ses heureuses distributions. Bien qu'il ait vivement regretté de ne pouvoir mettre la dernière main à son œuvre, il n'en a pas moins obtenu les suffrages les mieux mérités.

Je voudrais pouvoir dire aussi les obligations que nous avons à nos vice-présidents : MM. Lefizelier père, de Chalais, Denis de Mayenne et Jamet de Château-Gontier ; aux présidents des sections: MM. Jules Le Clerc, Prosper Gasté, de la Beaulnère, de la Bérangerie, Toutain père, Baptiste Couanier ; aux rapporteurs des divers jurys : MM. Guédon, Caillaux, Beaulnère fils, Couanier, Piquet, Jules Lefizelier, etc.

Nos jeunes commissaires également ont fait preuve d'un dévouement qui doit être mentionné, ainsi que celui de beaucoup de nos sociétaires qui n'ont pas hésité à laisser leurs propres affaires pour assurer par leurs soins le succès de l'Exposition.

Forcé d'abréger cette indication des services rendus à la Société de l'Industrie, je dois néanmoins vous signaler encore, et entre tous les autres, ceux de notre premier secrétaire M. Chamarct. En disant que son zèle infatigable, sa persévérante activité ont été au-dessus de tout élege, je me tiens assuré d'exprimer l'opinion générale, et je saisis, avec bonheur, cette occasion de renouveler, au nom des sociétaires et des exposants, les remerciemens qui lui sont dus à si juste titre. — Si j'osais exprimer ici mon sentiment, je dirais qu'il me paraîtrait juste qu'un témoignage particulier de la reconnaissance de tous lui fût offert au nom de l'Industrie de la Mayenne.

Maintenant, à vous tous qui avez pris part à notre belle Exposition : agriculteurs, artistes, fabricants, ouvriers, producteurs en tous genres, j'ai à vous adresser des félicitations. Grâce à vous, la Mayenne a obtenu le succès que nous avions ambitionné pour elle. Croyez-le, Messieurs, vous avez fait ici un acte de vrai patriotisme en montrant ce que peut l'industrie de notre pays. Et ceux même d'entre vous qui n'ont pu faire preuve que de bonne volonté n'en méritent pas moins la reconnaissance de leurs concitoyens.

A la suite de ces remerciements si mérités, et que j'eusse voulu rendre moins implicites, je demanderai qu'il me soit permis d'exprimer, devant cette assemblée, toute ma reconnaissance pour l'honneur qui m'a été fait en me choisissant pour présider la Société de l'Industrie. Je ne le cacherai point, j'ai éprouvé une véritable satisfaction d'avoir eu, une fois, par le suffrage de mes compatriotes, l'occasion de montrer mon bon vouloir et mon zèle pour être utile à mon pays.

Il me reste encore quelques mots à dire à l'assemblée, je la prierai de vouloir bien me prêter de nouveau son attention.

Messieurs, cette Société de l'Industrie, qui a réussi à se former en dépit des obstacles, cette Exposition, qu'elle est parvenue à organiser à la satisfaction de tous, pourraient-elles n'avoir pas d'autre suite? Serait-ce donc une clôture définitive à laquelle nous prenons part?

Je ne veux pas le croire! Et vous tous, Messieurs, je me plais à l'espérer, vous êtes fermement résolus à poursuivre une œuvre si heureusement commencée.

Oui, nous continuerons de rester associés pour suivre cette

carrière ouverte dans l'intérêt général. J'ose dire que c'est un devoir pour nous de ne pas l'abandonner. Il est bon d'avoir, au moins, ce terrain neutre où, à l'abri des agitations politiques, nous viendrons oublier nos différends pour nous unir dans une pensée commune dont le seul mobile sera l'intérêt général et le bien-être du pays.

Messieurs, je dois vous rappeler qu'une obligation reste imposée à la Société de l'Industrie.

Le Conseil général lui a accordé ses subventions à la condition qu'une partie des galeries construites avec son assistance serait consacrée désormais à recevoir en dépôt les modèles de machines utiles et les échantillons de tous les produits des divers cantons du département qu'il importe de faire connaître aux acheteurs. Ce serait à la fois un entrepôt et un conservatoire des arts et métiers qu'il s'agirait d'établir.

J'aurai l'honneur de provoquer, dans l'assemblée prochaine, une délibération sur ce sujet important, et une commission sera chargée de poursuivre l'exécution d'un projet qui me semble utile sous tant de rapports.

M. Toutain, remplissant les fonctions de maire, a ensuite prononcé les paroles suivantes :

Messieurs,

Je prends la parole pour remercier, au nom de la ville de Laval, M le président et MM. les membres du Conseil d'administration de la Société de l'Industrie de la Mayenne de tous les soins qu'ils ont donnés, depuis six mois, à une première Exposition qui, j'ose l'espérer, sera le développement de la prospérité de notre pays.

C'est à leur activité, à leur dévouement que nous devons, en grande partie, le succès si complet de cette heureuse entreprise. Mais, hâtons-nous de le dire, leur pensée a été noblement comprise de tous. et, s'ils se sont montrés persévérans et dévoués, ils ont trouvé partout, à Laval comme ailleurs, dans le département comme dans les départements voisins, les plus vives et les plus louables sympathies.

Aussi, Messieurs, permettez-moi, pour être juste, d'adresser des remerciements non moins sincères à tous ceux qui, de près ou de loin, ont apporté à notre entreprise leur part de bonne volonté et contribué ainsi à son succès :

A vous, Monseigneur, qui, pour la seconde fois, venez avec tant de bonté bénir une œuvre que vous avez vue, avec joie, grandir et prospérer ;

A M. le préfet, pour la bienveillance extrême qu'il a toujours témoignée à la Société, dans toutes les occasions où elle a eu besoin de son appui ;

Aux membres des Conseils du département et de la cité, pour leur empressement à voter d'importantes subventions ;

A tous les membres de la Société, pour leur concours puissant et leur généreuse propagande ;

Enfin, aux artistes et aux industriels exposants, à ceux de nos compatriotes surtout qui ont répondu à notre appel avec tant d'intelligence et d'ardeur.

Notre Exposition, Messieurs, est un grand pas fait par le département de la Mayenne dans la voie du progrès industriel ; c'est un évènement considérable qui aura une influence immense sur son avenir, comme il aura en même temps un long retentissement dans le pays.

A partir de ce jour, le département de la Mayenne, jusqu'alors un peu en arrière du grand mouvement industriel de notre époque, vient de conquérir tout d'un coup une place honorable parmi les plus intelligents et les plus avancés ; et c'est là justement ce que j'admire ; c'est là ce qui m'émeut profondément.

Aussi, ne saurions nous trop prodiguer les encouragements et les éloges à tous ceux qui ont coopéré à cette œuvre, soit de leur énergie et de leur influence, soit, comme MM. les exposants, de leur talent et de leur bonne volonté !

Puisse le résultat de notre Exposition leur procurer des avantages mérités et leur donner des forces et du courage afin de poursuivre ce qu'ils ont déjà si heureusement commencé.

Ne nous arrêtons pas là, Messieurs ; un premier pas en amène un autre, et, maintenant que nous sommes engagés dans cette route, difficile, peut-être, mais glorieuse, du progrès artistique et industriel, il faut que nous la parcourions jusqu'au bout.

Or, je connais trop le bon esprit de mes concitoyens pour craindre un instant qu'ils veuillent s'arrêter en chemin.

Messieurs,

La ville de Laval a fait de grands sacrifices pour donner à la solennité de notre première Exposition tout l'éclat qu'elle méritait; le Conseil municipal, lui aussi, désireux de s'associer autant qu'il le pouvait à de louables efforts, a épuisé en quelque sorte ses ressources pour la consacrer par des fêtes brillantes dont la mémoire se perpétuera dans la population. C'était un devoir pour lui; puisse-t-il l'avoir rempli au gré de tous !!!

Notre exemple d'ailleurs, Messieurs, ne sera pas perdu; nous aurons des imitateurs. Les départements voisins, nos amis plus que jamais, nous convieront bientôt, je l'espère, à des fêtes plus belles encore. Nous répondrons à leur appel comme ils ont répondu au nôtre; car, désormais, une même pensée nous unit; nous avons contracté ici, pour toujours, des liens indissolubles de fraternité industrielle.

Honneur donc, encore une fois, honneur à vous tous qui avez pris la généreuse initiative de cette œuvre, comme à vous tous aussi, industriels, artistes, jeunes gens, qui l'avez si dignement soutenue!

Vous avez fait une chose utile et vraiment patriotique, dont notre pays, et que ce soit là votre récompense, gardera un immortel souvenir !!!

Enfin, M. Denis, membre du Conseil d'administration de l'arrondissement de Mayenne, a prononcé le discours suivant :

Messieurs,

Organe de la commission de Mayenne, si je n'avais l'honneur de la représenter ici, je m'abstiendrais de prendre la parole, fût-ce même pour exprimer une pensée de reconnaissance et de remerciement, qui est cependant la pensée de mes concitoyens et la mienne. Devant ce grand et émouvant spectacle, encore sous le charme du plaisir que m'ont causé les paroles éloquentes que vous venez d'entendre, je me recueillerais en silence, afin de mieux garder mes souvenirs.

Mais comment rester muet au milieu des hommes d'élite qui se pressent aujourd'hui dans cette enceinte, aujourd'hui le dernier jour de cette Exposition, pour honorer par leurs paroles ou leur présence la distribution des médailles que doit y faire le premier magistrat de ce département.

Ces nombreux fonctionnaires de tous genres et de tous grades, ces artisans, ces industriels, ces commerçants, ces agriculteurs qui sont venus enrichir ce palais; tous ces sociétaires dévoués qui nous entourent, ce digne magistrat qui dirige avec autant de talent que de zèle et de fermeté les affaires du département, ce vénérable prélat qu'accompagne un respectable clergé, cet évêque qui naguère, au milieu d'une cérémonie touchante et auguste, nous rappelait, dans cet édifice même, que toute puissace et toute gloire viennent de Dieu; tous ne sont-ils pas pour moi une excitation, en même temps que leur bienveillance est un encouragement!

A cette Exposition, Messieurs, et pour la première fois, le département de la Mayenne a pu compter ses richesses; pour la première fois, le palais de l'industrie s'est ouvert afin de les recevoir, de les classer pour en mieux refléter l'éclat! ..

Richesses minérales, richesses agricoles, richesses industrielles, richesses artistiques, tout est là, en échantillons au moins!...

Depuis un mois, notre industrie, au sein de ce palais, s'est révélée, elle a pris un corps. Le caducée mayennais, réunissant enfin ses tronçons disséminés, n'est plus un mythe, ses anneaux se resserrent, et dans le présent le passé s'unit à l'avenir, la chaîne des temps se soude, 1852 touche à 1290, et l'Exposition actuelle au temps de Béatrix de Gâvres, rappelée si heureusement et si à propos comme la meilleure des excitations au bien.

Quels souvenirs chers et touchants cette époque n'offre-t-elle pas en effet! Histoire ou légende, réalité ou fiction, qu'importe! A mesure que les temps se déroulent à nos yeux, ils se colorent des plus doux reflets.

C'est la providence divine ayant pris la plus gracieuse des formes humaines, c'est une femme qui apporte à Laval les trésors d'une agriculture, d'une industrie nouvelles, qui l'enrichiront un jour!

Des cultivateurs flamands la suivent, des tisserands la précèdent; les premiers cultiveront le lin que tisseront les derniers.

Heureux les noms, Messieurs, qui, comme celui de Béatrix, éveillent encore, après six cents ans, des souvenirs de reconnaissance et d'amour!

Qu'elle soit bénie la femme qui, dans ces temps d'ignorance et de barbarie, a compris ce qu'il y avait d'avenir pour sa ville bien aimée dans l'institution qu'elle fondait!

Mais, Messieurs, pour être justes ne devons-nous pas dire que l'hommage rendu à sa bienfaitrice par la ville de Laval a été digne à la fois de la ville et de la châtelaine! Disons-le et ajoutons : Heureuse la ville reconnaissante, qui, pour trouver des mânes à révérer, à fêter, à bénir, n'a eu besoin que de feuilleter son histoire...

Et nous aussi, nous avons inauguré une époque industrielle!... Le 1er septembre 1852 nous permettra peut-être de donner à l'avenir des gages qui le prépareront à une époque plus féconde encore. Demandons à Dieu, pour la France, qu'il accorde à la main puissante et providentielle qui préside aux destinées de notre patrie, la faveur de pouvoir cicatriser toutes les plaies que lui a fait un passé funeste!...

Et maintenant, Messieurs, debout devant le présent, nous avons évoqué le passé, que devons-nous attendre de l'avenir? Osons lui arracher son secret, et qu'il nous dise que cette Exposition sera suivie de bien d'autres; sans cela notre tâche n'est pas finie : il faut fonder, si nous voulons être utiles.

La postérité ne tient aucun compte des efforts, même consciencieux, quand ils sont impuissants; que les nôtres, par leur utilité, méritent d'être préservés de l'oubli; que le flot des âges respecte ce que nous avons fait!

Continuons notre œuvre avec courage, avec persévérance, notre œuvre si bien commencée! Que cet édifice, imposant symbole de durée, s'ouvre périodiquement aux Expositions de l'Industrie pendant de longues suites d'années, afin de témoigner de la volonté de cette Société, qui n'a pas été fondée pour exister seulement un jour, mais qui peut longtemps encore diriger l'agriculture, l'industrie et le commerce mayennais dans le grand courant des améliorations!...

Après ces discours souvent interrompus par les bravos, et le bruit d'une foule immense qui se pressait dans les Galeries, M. Chamaret, secrétaire général de la Société, a appelé successivement les rapporteurs des diverses sections, et chacun d'eux a fait ensuite l'appel des exposants de sa section désignés pour recevoir des récompenses.

M. le préfet, en remettant à chaque exposant la récompense, manquait rarement d'y joindre quelques paroles de félicitation ou d'encouragement. Après l'appel de chaque Section, la musique de la ville de Laval exécutait des morceaux d'harmonie. Des bravos enthousiastes accueillaient les noms des exposants récompensés, surtout lorsque ces noms étaient ceux de quelques grands industriels, ou de quelques artistes aimés.

La proclamation des récompenses terminée, M. Cailloux, l'un des rapporteurs, a prononcé, au nom des commissaires de l'Exposition, quelques paroles sorties du cœur pour remercier M. Des Cepeaux, président de la Société, et M. Chamaret, secrétaire général, du zèle infatigable et du dévouement sans bornes qu'ils ont montrés dans l'organisation de cette Exposition. Voici les paroles de M. Cailloux, qui ont été couvertes par un tonnerre d'applaudissements :

MESSIEURS,

Vous venez d'entendre proclamer les noms des exposants qui, dans chaque section, ont été jugés dignes d'être récompensés ou honorablement mentionnés.

En terminant son travail, après avoir constaté le succès obtenu malgré les difficultés d'un premier essai, le jury n'a pas voulu se séparer sans offrir ses remerciements vifs et sincères au président et au secrétaire de la Société de l'Industrie. — Il a voulu que ces remerciements soient publics, et il m'a chargé de les exprimer devant vous dans cette séance solennelle.

Déjà, Messieurs, vous avez su faire la part de chacun dans cette nouvelle entreprise, dont les résultats, si heureux aujourd'hui, seront si féconds dans l'avenir. Vous savez qu'après avoir eu la première idée de cette Exposition, M. Chamaret, secrétaire de la Société, en a poursuivi la réalisation avec un zèle infatigable, et que M. Des Cepeaux, président, a fait tous ses efforts pour en assurer le succès, et a puissamment contribué à l'obtenir.

Remercions-les d'avoir créé un nouveau stimulant pour l'industrie, d'avoir eu l'idée d'honorer solennellement, de récompenser, d'encourager le travail, et d'avoir su la mettre à exécution.

Les hommes qui, comme eux, sans autre ambition que celle de faire le bien, emploient au service de leur pays leur temps et leur intelligence, méritent l'estime et la reconnaissance de tous.

Ainsi s'est terminée cette cérémonie, qui a laissé parmi nous de si profonds souvenirs. Ainsi s'est terminée cette Exposition, premier pas véritable de notre pays dans la voie du progrès ; œuvre considérable et difficile, comme toute innovation, et pour laquelle tous les hommes de toutes les conditions, de tous les partis, avaient uni leurs forces, avaient combiné leurs efforts. — Qu'ils gardent le souvenir de ces jours de concorde ; qu'ils n'oublient plus désormais que ces luttes pacifiques de l'industrie sont les seules possibles aujourd'hui. Rappelons-nous, que ce n'est point dans ces vaines discussions politiques, où notre génération a épuisé en pure perte une partie de son énergie ; mais seulement dans les nouvelles découvertes de la science, et dans le progrès des arts, que nous trouverons le bien-être, la paix et la liberté !....

§ II.

RAPPORTS DES DIVERSES SECTIONS.

Ire SECTION.

Rapport de la Section d'agriculture, par M. Guédon-Rubillard.

Division hors rang. — *Génie rural.* — *Irrigations.*

Avant de se livrer à l'examen des objets soumis à leur appréciation, les membres du jury agricole ont entendu une communication de l'honorable M. Jamet, relative aux travaux de drainage et d'irrigations auxquels se sont voués MM. Bordillon, de Bierné, arrondissement de Château-Gontier, et Renous, de Saint-Berthevin, ancien élève de la Ferme-École du Camp.

Pénétrée de l'importance de semblables travaux destinés à rendre à l'agriculture un grand nombre de terrains improductifs ou d'une culture ingrate, nécessité qui se fait sentir de plus en plus en présence du flot toujours croissant des populations humaines, la commission qui n'ignorait pas les services déjà rendus par les ingénieurs ruraux précités, a décerné :

Une médaille d'or, à M. Bordillon,

Une médaille d'argent, grand module, à M. Renous.

A la suite de cette décision, l'examen des objets exposés a eu lieu dans l'ordre suivant :

PREMIÈRE DIVISION. — *Produits animaux.*

Sept ans, à peine, se sont écoulés depuis que la race bovine de Durham s'est implantée dans notre pays. L'exhibition du 29 septembre, en mâles reproducteurs, a fourni la preuve irrécusable des progrès que nous avons faits dans ce genre d'améliorations. D'ailleurs, les prix obtenus, au concours national de Poissy, par MM. Chrétien et Gernigon, avaient déjà fait connaître la mesure de nos succès.

Dans la classe des bœufs, les Durham ; les Dishley, dans celle des moutons ; les anglo-chinois, les Hamphsire, les Leicester, parmi les porcs, nous offrent le véritable spécimen des animaux de boucherie. Nos cultivateurs commencent à apprécier les formes parfaites qui les distinguent. Ils se disent que les chevaux indispensables pour les transports de grains et de chaux, doivent suffire à toutes nos cultures, et que, dès-lors, nous devons spécialiser nos bœufs à l'unique point de vue de la boucherie. Cette nécessité est non moins impérieuse pour nos porcs et nos moutons. Le chemin de fer de l'Ouest, dont les actions viennent d'atteindre un mouvement de hausse si prononcé, à Paris, ne tardera pas à justifier nos allégations. Le temps est proche où les esprits prévenus ou récalcitrans devront se rendre à l'évidence et à la vérité.

Race bovine pur-sang.

Deux taureaux pur-sang Durham, âgés l'un de 28 mois, l'autre de dix mois seulement, appartenant, le premier à M. le comte Du Buat de la Subrardière, le second à M. Gernigon, propriétaire-agriculteur, à Saint-Fort, ont particulièrement fixé l'attention des membres du jury qui leur a décerné le prix d'honneur *ex æquo*, consistant en deux médailles d'or.

Nous devons mentionner ici que les membres de la commission agricole qui présentaient directement ou indirectement, des animaux au concours, se sont abstenus de voter, et n'ont pas pris part aux délibérations.

Race bovine croisée.

Les croisés de race bovine étaient si supérieurs, en général, aux animaux de race pure du pays, que ces derniers n'ont pu entrer en lutte.

Le premier prix consistant en une médaille d'argent, grand module, a été décerné à M. de Robien, de la Marie, pour un Durham-charollais à formes parfaites de boucherie et offrant, en outre, un remarquable écusson de reproducteur laitier; or, les vaches charollaises n'ayant, comme les mancelles, la qualité laitière que par exception, il est présumable que le taureau de M. de Robien doit cette qualité, exceptionnelle dans sa race, à l'influence du sang Durham;

Le deuxième prix, médaille d'argent, grand module,

a été décerné à M. de Moulins, d'Ahuillé, pour un Durham-manceau, 3/4 sang;

Le troisième prix, médaille d'argent, grand module, à M. Collet-Chouannière, de Laval, pour un Durham-manceau, 1/2 sang;

Le quatrième prix, médaille de bronze, à M. Madiot, cultivateur, à Ampoigné, pour un manceau-Durham, 1/2 sang;

Le cinquième prix, médaille de bronze, à M. Thuau, cultivateur, aux Giraudières, d'Entrammes, pour un manceau-Durham, 1/2 sang.

Race chevaline.

Le jury a remarqué deux pouliches 1/2 sang, âgées de deux ans; une jument 1/2 sang, âgée de quatre ans, et une jument de six ans, suitée d'un poulain mâle.

Le premier prix, médaille d'argent, grand module, a été décerné à M. Lévêque-Bérangerie, de Saint-Germain-le-Guillaume, pour la pouliche bai-clair;

Le deuxième prix, médaille d'argent, petit module, au même, pour la pouliche alezan-brûlé.

Le troisième prix, médaille d'argent, petit module, au sieur Février, fermier de la Grande-Courteille, de Bonchamps, pour une jument alezan-doré;

Le quatrième prix, à la veuve Jouet, médaille de bronze, pour la jument suitée.

Race porcine.

La viande de porc, en France, alimente l'ouvrier des villes; elle est aussi la nourriture presque exclusive de 15 millions de cultivateurs. Ce simple exposé fait comprendre toute l'importance que l'on doit attacher à cette classe d'animaux.

Trouver une race qui s'engraissât, dans un temps très limité, aux *moindres frais possibles*, était un problème dont l'heureuse solution importait essentiellement à la classe la plus nombreuse ; nous allions dire la plus intéressante de la société.

Or, ce problème a été résolu par l'importation des races anglo-chinoises et anglaises en France, où elles ont été remarquablement améliorées. Nous sommes loin de déprécier notre belle et bonne race craonnaise si recherchée partout. Jacques Bujaut, d'ailleurs, la défendrait victorieusement contre nos critiques ; mais pour quiconque a expérimenté les deux espèces, l'économie de nourriture et de temps est une vérité bien reconnue en faveur des races anglaises. Le chemin de fer de l'Ouest, en facilitant leur prompt envoi sur Paris, justifiera nos dires ; car ce qu'on leur a reproché jusqu'ici, c'est la difficulté seule de leur transport pédestre.

Quatre animaux de ces races, sauf la race craonnaise qui n'était pas représentée, ont paru au concours.

Le premier prix, consistant en une médaille d'or, a été décerné à M. Gernigon, pour un verrat de race Leicester, d'une irréprochable conformation ;

Le second prix, médaille d'argent, grand module, à la veuve Boursier, d'Ampoigné, pour un verrat de race Hamphisire ;

Une mention honorable a été accordée à un fermier de M. de Quatrebarbes, dont nous regrettons de ne pouvoir citer le nom, pour un verrat et une truie Hamphsire.

Race ovine.

Cette race était représentée, au concours, par quatre lots de moutons d'espèce anglaise, nés en France.

Le premier prix, médaille d'argent, grand module, a été décerné à M. Collet-Chouannière, de Laval, pour un lot de Dishley, pur-sang ;

Le second prix, médaille d'argent, petit module, au sieur Guédon, fermier à Maisoncelles, pour un bélier Dishley, pur-sang, fort remarquable ;

Le troisième prix, médaille d'argent, petit module, au fermier Deshayes, de Maisoncelles, pour un bélier et une brebis Dishley, de formes bien conservées.

Deuxième Division. — *Produits végétaux.*

L'Exposition des produits agricoles végétaux a dû nécessairement se ressentir des mauvais temps qui ont singulièrement nui aux récoltes des grains compromis, par l'échaudage d'abord, puis par les pluies incessantes qui les ont avariés sur l'écot.

Néanmoins, la commission a pu signaler une brillante collection de divers fromens envoyés par M. le docteur Hunault de la Peltrie, pour lesquels elle s'est empressée d'accorder une mention des plus honorables.

Il en a été de même pour les choux branchu et moëllier du Poitou, envoyés par M. Girard de Châteauvieux, (Ille-et-Villaine). Ils sont monstreux de développement. M. de Châteauvieux s'adonne à la culture en grand de ces cruciféres.

Nous devons signaler encore les racines de grande culture de M. de Vaubernier, à Gondin, près Laval, et plus particulièrement ses échantillons de chanvre de Chine, haut de 7 mètres.

M. Vilmorin n'a pu le faire grainer sous le climat de Paris, mais il porte à Gondin, des grappes parfaitement garnies, et en rapport, par leurs dimensions, avec la hauteur des tiges. Ce chanvre qu'à la première vue, on supposerait devoir fournir une poupée grossière, la donne, au contraire, très fine au teillage.

M. de Vaubernier doit s'assurer du fait.

Des mentions honorables ont été, en outre, accordées:

à MM.	Busson, fils, de Juvigné. Garnier, de Chailland. Alfred Courte, de Charney.	Pour divers échantillons de lins.
à MM.	Collet-Chouannière, Viel de La Valette, Guesdon, d'Ille-et-Vilaine.	Pour échantillons de chanvre.
à MM.	Bourgaut, de Saint-Louis. Croissant, de la Roë. Collet-Chouannière.	Pour racines de grande culture.
à MM.	Crussard, d'Ille-et-Vilaine. Collet-Chouannière. Beucher, de la Gravelle. De Jourdan, Ille-et-Vilaine.	Pour gerbes de divers fromens.

Produits agricoles commerciaux.

Nous mentionnons ici les cinq colis orge et grains perlés de M. Elias Roussin, de Rennes; la beauté de ses produits les recommande à l'attention publique et la commission lui a décerné spontanément une médaille d'argent, grand module.

Elle a cru devoir aussi comprendre dans cette division les engrais de M. Derrieu, de Nantes, ancien élève de Roville, qui a présenté huit sacs et quatre barils de guanos artificiels (sels animalisés).

L'antipathie bien connue, de la plupart des membres de la commission, contre les engrais composés, a dû céder, jusqu'à certain point, devant la loyauté dont M. Derrieu a fait preuve et ses procédés scientifiques basés sur les écrits des Thaër, Boussingault, Payen et Liébigt, dont l'autorité est incontestable. L'honorable M. Gernigon, l'un des membres de la commission, qui a essayé les guanos, en a rendu d'ailleurs un compte satisfaisant. Nous dirons, pour ôter toute idée de fraude possible dans les expéditions, que les engrais Derrieu sont déposés, après l'épreuve légale, dans le chantier départemental de Nantes; que dès-lors, ils cessent d'être à sa disposition, puisque l'expédition en est faite, à la diligence du surveillant du chantier départemental, aux personnes qui en font l'achat.

Le jury agricole a décerné une médaille d'argent, grand module, à M. Derrieu, qui a reçu l'an dernier la médaille d'or au grand concours de Versailles, sur la proposition de MM. Payen et de Gasparin.

TROISIÈME DIVISION. — *Instruments de la nouvelle culture.*

La commission désigne, sous ce nom, les araires, herses-valcourt, houes à cheval, scarificateurs, etc., qui ne peuvent s'employer que dans la culture en planches. Il est difficile de juger, à la simple vue, du mérite des instruments agricoles; mais celui des araires Dombasle, etc., etc., est si bien apprécié aujourd'hui par les agriculteurs du nouveau système, que le jury peut se dispenser d'en relater les avantages.

Dans cette première catégorie,

M. Le Tessier, dit Pays, de Laval, a présenté :

1° Une charrue à déchaumer ;

2° Une houe à cheval, à ouverture mobile ;

3° Un coupe racines à disque ;

4° Une herse-valcourt ;

5° Quatre araires, façon Dombasle et Bodin, dont l'exécution ne laisse rien à désirer.

La commission a surtout remarqué la charrue à déchaumer et la houe à cheval, d'un avantage réel dans l'application pratique ;

Elle a décerné une médaille d'or à M. Le Tessier.

M. Bodin, de Rennes, qui présentait cinq araires, de différentes forces, et une herse à couvrir, a obtenu la médaille d'argent, grand module. Ces instruments peuvent se passer de l'approbation du jury, car tous les agriculteurs en connaissent le mérite et la précision.

Dans la deuxième catégorie, qui comprend les instruments modifiés de l'ancienne culture,

La commission a remarqué plusieurs charrues modifiées, en vue d'en réduire le tirage, tout en conservant le labour en sillons qui persiste dans notre pays. Dans les terres légères et siliceuses, quelques-unes de ces charrues ont atteint le but, d'une manière assez satisfaisante. Ce sont celles *à sep* et à *versoir recourbé*, en fer. Pour les terres fortes et compactes plusieurs fabricans ont cru devoir conserver le versoir droit et allongé, tout en substituant le fer au bois, dans la construction de ces parties.

La commission approuve toutes ces tentatives ; elles auront plus tard un effet avantageux en ce qu'elles sapent insensiblement cette force d'inertie que le cultivateur oppose à toutes modifications d'instruments ou de cultures ; déjà l'on peut constater cet heureux effet.

Voici la liste des récompenses que la commission a cru devoir accorder aux ouvriers de cette catégorie :

Deux médailles d'argent, petit module, sont décernées aux deux frères Couët, de Méral, qui, les premiers, ont modifié l'ancienne charrue, en lui appliquant *le sep* et le versoir recourbé, en fer.

Mentions honorables sont accordées :

à MM. La Mazure et Nantais, } d'Andouillé, qui ont imité les charrues des frères Couët.

à MM. La Chesnaye, des Chartreux,
Posti, de Saint-Poix,
Garry, de Forcé,
La Loge, de Saint-Brice, } qui ont adopté le sep et le versoir droit, en fer, pour la culture des terres fortes.

M. Collet-Chouannière, de Laval, présentait une collection d'instruments aratoires d'un prix peu élevé dont il se sert pour ses cultures. La commission a remarqué une charrue à double versoir fort expéditive pour le buttage des racines et qui sert, au besoin, à l'ensemencement des grains ; une herse brisée, s'adaptant aux billons, très utile à ceux qui ne regardent pas comme un inconvénient, les semis de graines de trèfle, sur les fromens d'hiver.

Mention honorable a été accordée à M. Collet-Chouannière.

Pressoirs, barattes, vases à crême, etc.

M. Vannier, de Laval, auteur d'un pressoir à lévier de bois, d'une forme assez commode et d'un prix accessible à tous les cultivateurs, a obtenu une mention favorable.

Le pressoir circulaire, à lévier de fer et à colonnettes également en fer poli, de M. Gonthier, d'Avesnières, est d'une forme et d'une construction très soignées. Son prix qui doit être élevé, le rendra, nous le croyons, peu accessible à la masse des fermiers. Toutefois la commission a cru devoir récompenser, par une mention honorable, la perfection du travail et l'habileté de main de l'inventeur.

Le pressoir circulaire de M. Stubenrauch, à moteur en fer, est d'un maniement facile, bien que la pression soit puissante. Son usage doit s'étendre, car il est bien conditionné.

La barratte en bois, à engrenages en fer, du même constructeur, est aussi bien inventée, et nous en recommandons l'emploi. Ces deux instruments réunis à sa machine à battre, ont déterminé la récompense décernée ci-après à M. Stubenrauch.

Les vases à crême, en zinc, de M. Préaubert, d'Angers, sont d'un avantage réel, pour en obtenir, en peu de temps, la plus grande quantité possible. Ils ont reçu du jury une mention honorable.

Une médaille de bronze a été accordée à M. Brocherie, de Quelaines, pour son collier à bœufs.

M. Le Pannetier, de Thévalles, a également obtenu une médaille de bronze, pour une cuve à lessive, en terre cuite, à vaste dimension.

Machines à battre.

Quatre machines provenant de :

MM. Lootz, fils aîné, mécanicien à Nantes ;
Stubenrauch, à Château-Gontier ;

Bodin, directeur de la Ferme-Modèle de Rennes;
et Victor Houyau, ingénieur civil, à Cheffes, (Maine-et-Loire);

Ont été soumises à l'appréciation des membres de la commission qui les a fait mettre en œuvre, dans des conditions parfaitement identiques.

Quel que soit le classement adopté pour ces machines, nous devons déclarer, au nom du jury, qu'elles rendent les unes et les autres de vrais services aux cultivateurs. Encore quelques années, et toute ferme un peu importante possédera la sienne, comme partie intégrante et indispensable du mobilier agricole. Leur mécanisme n'a pas atteint, sans doute, son apogée; mais les esprits sont en travail, et nous obtiendrons, il faut l'espérer, dans cette partie essentielle du travail rural, cette perfection qu'il est donné à toute œuvre humaine d'atteindre.

Classement des machines à battre.

N° 1. Médaille d'or, à M. Lootz, de Nantes, pour sa machine à deux chevaux, à manège direct, sans arbre de couche ni courroie, pouvant se transporter facilement d'une ferme à l'autre, *sans être démontée*; battant les grains et broyant également le chanvre et le lin.

N° 2. Médaille d'or, à M. Stubenrauch, de Bazouges, près Château-Gontier, pour sa machine à battre à quatre chevaux, avec arbre de couche et courroie, à cheminée en tôle, pour le dégagement de la poussière provenant du battage.

Nous rappellerons ici que le pressoir et la baratte de

ce constructeur, sont groupés avec sa machine, pour l'octroi qui lui est fait de la médaille d'or, par la commission.

N° 3. Médaille d'argent, grand module, à M. Bodin, de Rennes, pour sa machine à deux chevaux, à engrenages sans courroie, mais avec arbre de couche.

N° 4. Médaille d'argent, grand module, à M. Houyau, de Cheffes, (Maine-et-Loire,) pour sa machine à deux chevaux, avec arbre de couche et courroie.

Nous renvoyons aux notices publiées par les inventeurs, les personnes qui voudraient apprécier, par elles-mêmes, le mérite relatif de chacune des machines précitées.

SOUS-SECTION.

Rapport de la Sous-Section d'horticulture par M. La Beauluère, *fils*.

Cette Sous-Section comprend les fleurs, les fruits, la culture maraîchère et les instruments d'horticultore.

L'horticulture ne pouvait, au milieu du concours général des diverses industries, rester inactive dans notre pays où elle est une branche féconde de commerce : elle devait prendre une large part à l'Exposition industrielle ; aussi a-t-elle richement et brillamment payé son tribut et s'est-elle placée au niveau des autres industries.

L'éloignement, la difficulté des transports avaient empêché beaucoup d'horticulteurs étrangers d'envoyer leurs produits à l'Exposition ; nous l'avons vivement regretté, la Mayenne eût été fière de lutter avec ses anciens professeurs en horticulture, maintenant ses rivaux.

Le superbe emplacement, au milieu des Galeries, que l'on avait accordé à l'horticulture, a été pendant trois jours orné d'une manière splendide de fleurs aux couleurs éclatantes et variées, et de magnifiques plantes exotiques, qui, peut-être moins brillantes que les fleurs, n'en offrent pas moins un vif intérêt aux amateurs si nombreux dans notre cité.

Si les Expositions horticoles le cèdent en nombre, à Laval, à celles d'autres villes plus populeuses, elles n'ont rien à envier pour le choix et la force des plantes et des arbres exposés. Ainsi nous croyons qu'il est rare de réunir une aussi magnifique collection de conifères que celle exposée par M. Georget.

Visitez les serres d'amateurs et de jardiniers, il en est peu où vous rencontrerez une collection de Palmiers aussi forts et aussi beaux que ceux exposés par M. Armand de Landevoisin. Le nombre et le développement que les légumes de M. de Vaubernier acquièrent par une culture soignée et bien entendue, les rendent fort remarquables et peut-être plus beaux que les produits des maraîchers parisiens. On admire les *Fuchsias*, les *Verveines*, les *Rosiers* de M. Félix Gauthier. Nous avons surtout remarqué un magnifique *Agave Americana* en fleurs, élevé dans les serres de Mme de Launay ; la floraison de cette plante était jusqu'alors enveloppée de mystères et le Jardin des Plantes de Paris ne l'a jamais vue. Les plantes grasses de M. Mottier ; les collections de fruits, du Comice horticole d'Angers, de MM. Lefèvre père et fils, de Sablé, de M. Hutin, jardinier de M. Léon Leclerc, et celles de M. Doudet, sont au-dessus de tout éloge.

Voici ce que le jury d'examen a remarqué parmi les exposants tant horticulteurs qu'amateurs.

HORTICULTEURS-MARCHANDS. — *Fleurs*.

M. Georget. — Collection de vingt-cinq conifères, parmi lesquels le jury a distingué les suivants : un magnifique *Pinus Californica*, venu de semis, et atteignant, en trois années, trois mètres de hauteur ; un bel *Araucaria-excelsa* ; les *Pinus Longifolia*, *Brasiliensis*, *Excelsa* ; les *Taxodium Sinense* et *Nepaulense* ; diverses plantes du même horticulteur, entre autres l'*Aralia Guatemalensis*, l'*Echites Nutens*, le *Spirantes Argentea*, une belle collection de *Balisiers*.

La magnifique collection de *Fuchsias*, de M. Félix Gauthier, a excité l'admiration du jury, ainsi que les trente variétés de *Verveines* et les *Rosiers* du même horticulteur.

M. Mottier est comme toujours un introducteur infatigable de plantes dans notre pays ; il avait exposé des échantillons nouveaux et très forts de plantes grasses, des *Pétunias* et un beau *Dracœna ferrea*.

Le jury a de nouveau admiré les *Balsamines-Camélias* et les *Reines Marguerites* pyramidales de M. Denuault.

Culture maraîchère. — *Fruits, arbres fruitiers.*

M. Doudet avait envoyé un produit rare dans nos climats un peu froids ; c'est une belle collection d'*Oranges* et de *Citrons* ; il y avait joint de l'eau de *fleur d'orangers* sortant de son atelier de distillation.

Les *Melons*, *Pêches*, *Prunes*, *Poires*, *Raisins*, de MM. Lefèvre père et fils, ont été vivement admirés, ainsi que leurs beaux échantillons de quenouilles.

Les énormes *Choux pommés*, le *Cèleri*, les plants de légumes de M. Dupré, closier maraîcher, sont dignes d'attention. Pourquoi son exemple n'est-il pas suivi ?

Mentionnons encore les arbres fruitiers de MM. Mottier et Denuault.

AMATEURS. — *Fleurs.*

Parmi les belles plantes exposées par M. de Landevoisin, citons d'abord son magnifique échantillon du *Nepenthes-distillatoria*, en fleur et d'une hauteur de trois mètres; puis ses *Nepenthes-Rafflesiana* et *Lævis*. Citons également parmi ses palmiers : les *Dion-Edule* et *Aculeatum*, tous deux très forts, l'*Areca Rubra*, le *Coryphea-Miraguana*, l'*Arenga-Saccarifera*, le *Zamia-Muricata*, le *Rhapis-Flabelliformis*, l'*Attalea-Speciosa*, le *Sabal-Addansonii*, le *Caryota-Urens* et bien d'autres. Le même amateur avait à l'Exposition diverses plantes parmi lesquelles nous pouvons citer les *Pilocereus Senilis* et *Cometes*, les *Echinocactus Monvilii*, *Gibbosus*, *Denudatus*, les *Maranta Zebrina*, *Sanguinea*, *Roseo-Lineata*, les *Bilbergia Vittata*, *Pyramidalis*, *Moreliana*, *Rhodocyanea*, le *Catasetum Clavingerii*, le *Sarc.anthus Rostratus* en fleurs tous les deux ; le *Calladium-Pinnatifidum* ; huit variétés de *Dracœna*, les *Strelitzia-Augusta* et *Reginæ*.

Pierre Lardeux, jardinier de M. La Beauluère, avait à l'Exposition, les *Dracœna Draco*, *Umbraculifera* (un mètre de hauteur, trois de circonférence), *Brasiliensis* (deux mètres de hauteur), *Marginata* (trois mètres de hauteur); un très beau *Coccoloba-Pubescens* ; le *Ravenala Madagascariensis* aux feuilles de deux mètres de long ; l'*Artocarpus-Imperialis* (deux mètres cinquante de hauteur); les *Carolinea Insignis*, *Fastuosa*, *Alba*, le *Sabal-Acaulis*, le *Va-*

nilla-Aromatica ; trente variétés d'*Achimenes* nouvelles et quarante variétés de *Gloxinias* en fleurs ; trente-six variétés de *Gesnérias*, la plupart en fleurs ; les *Alloplectus-Speciosus*, *Congestus*, *Lehmanii*, aussi en fleurs ; ainsi que les *Barbacenia-Rogierii*, *Strelitzia Reginæ*, *Nautylocalix-Bracteatus*, *Myrtus-Tomentasus*, *Crinum-Taïtense*.

François Gauthier, jardinier de Mme de Launay, présentait un magnifique *Agave* en fleurs et dont la hampe s'élevait à quatre mètres, une belle collection de *Lis Eximium* de semis, des *Gloxinias*, des *Bégonias*, des *Pétunias* et un joli choix de *Verveines*.

M. de Vaubernier avait un *Pilocereus-Senilis* d'une hauteur de plus de quatre-vingts centimètres.

Culture maraîchère. — *Fruits, arbres fruitiers.*

Louis Agnès, jardinier de M. de Vaubernier, avait exposé trois cents variétés de légumes ou cucurbitacées ; on peut entre autres citer les *Cèleris*, *rouge* et *superbe de col* ; les *Carottes*, *blanche transparente*, *rouge longue*, *de Leyde*, *supérieure* ; les *Courges*, *Crook-nek*, *Papangaye*, *Tricosanthes Colubrina*, le *Sechium Edule* ; les *Melons* de *Chito* et *Quens' Pocket*, le *Cucumis Dudin* ; les *Navets*, *noir*, *plat*, *violet*, *Robertson*, de *Petrosowdsk* ; un *Mura Sinensis* en fruits, des *Ananas* énormes, des *Patates*, des *Aubergines*, etc.

François Hutin, jardinier de M. Léon Leclerc, de Livré, avait envoyé deux cents variétés de fruits, plusieurs obtenues dans les magnifiques pépinières de M. Léon Leclerc, et six quenouilles taillées d'après une nouvelle méthode.

Le Comice horticole d'Angers avait envoyé à notre Exposition une très nombreuse collection de *Poires*, *Pommes* et *Prunes* ; tous ces fruits choisis parmi les meilleures variétés.

Mentionnons les *Melons* énormes et les *Poires* de M. le curé de Lhuisserie, les corbeilles de *Cerises* tardives de M. le curé de la Baconnière, la *Poire* obtenue de semis, par le jardinier de M. Dutreil, et une charmante corbeille de *Prunes*, *Poires*, *Bananes*, *Ananas*, exposée par M. de Landevoisin.

N'oublions pas non plus les délicieux bouquets de Mme Georget et de Mlle Gauthier.

Les médailles et mentions ont été distribuées dans l'ordre qui suit :

§ I. Horticulteurs-marchands.

Médaille d'or.

M. Georget, horticulteur à Laval, pour sa collection de *Conifères*.

Grandes Médailles d'argent.

1° M. Félix Gauthier, horticulteur à Laval, pour ses plantes en fleurs.

2° M. Mottier, de Laval, pour introduction de plantes dans le département.

3° MM. Lefèvre, père et fils, de Sablé, pour leurs fruits.

4° M. Doudet, de Laval, pour ses collections d'orangers et de citronniers, et pour sa fabrication d'eau de fleurs d'oranger.

Médailles de bronze.

1° M. Denuault, pour ses plantes de pleine terre.
2° M. Dupré, closier au Gué-d'Orger, pour ses belles cultures maraîchères.

Médaille d'argent.

Mme Georget, de Laval, pour ses bouquets.

Médaille de bronze.

Mlle Gauthier, pour ses bouquets.

§ II. Amateurs.

Prix d'honneur : Un vase de Sèvres.

M. de Landevoisin, pour sa magnifique collection de palmiers, et diverses plantes de serre chaude.

Grandes Médailles d'argent.

1° Pierre Lardeux, pour plantes et arbres de serre chaude.
2° François Gauthier, pour son magnifique *Agave Americana* en fleurs.

Légumes et fruits.

1° Louis Agnès, pour de magnifiques légumes.
2° Le Comice horticole d'Angers, pour sa collection de fruits.

3° François Hutin, pour sa collection de fruits et surtout pour le bon soin et la bonne taille de ses arbres.

Mentions honorables.

1° M. le curé de Lhuisserie.
2° M. le curé de la Baconnière.
3° M. Dutreil.

IIe SECTION.

Rapport de la IIe Section par M. BAPTISTE COUANIER, *trésorier de la Société, président de la Section des tissus.*

Cette Section comprend les filatures de lin, coton, laine; les différens tissus; les teintures et apprêts; enfin les instrumens qui se rattachent à l'industrie du tissage.

Si l'agriculture, qui par des expériences multipliées et des travaux intelligens, double les forces de la nature et devient comme la nourricière des peuples, mérite le premier rang pour les services qu'elle rend à l'humanité, elle a une puissante rivale dans l'industrie manufacturière; car l'homme et surtout l'homme civilisé, n'a pas seulement besoin de pain; il a besoin de bien-être et partant de la richesse. — Or, l'industrie du tissage est la principale cause de la richesse dans nos départemens. — Que de bras employés à semer et à récolter les lins et les chanvres! que de mains occupées à les préparer et à les tisser! Dans les villes, dans les campagnes, l'enfance, l'âge mûr, la vieillesse ont leur part dans ces travaux; une gaîté franche et naïve les accompagne, et la vie s'écoule paisible et heureuse, comme peut l'être la vie d'un exilé. — Qu'on ne s'étonne donc plus que l'Exposition des produits manufacturiers occupe un si grand espace dans les Galeries de l'Industrie, et que, dans l'énumération des récompenses, elle soit placée en seconde ligne.

CHAPITRE I. — *Filatures.*

DU LIN. — Le filage à la main prit dans nos contrées un développement considérable vers la fin du XIIIe siècle, quand la maison de Gavres s'unit à celle de Laval. C'était presque l'unique occupation des femmes. La châtelaine, dans son manoir, ne croyait pas déroger en maniant le fuseau, et l'humble villageoise égayait les longues soirées d'hiver par ses chants qu'accompagnait le frémissement du rouet.

Mais les siècles ont marché et les machines intelligentes ont remplacé les doigts agiles.

Dès 1812, l'Angleterre instruite par un français mécontent, possédait l'art de filer les lins à la mécanique. Aussi la France ne pouvait-elle plus soutenir la concurrence sur tous les marchés étrangers, et son commerce se trouva restreint à la consommation de l'intérieur et des colonies. Une loi sévère interdisait aux Anglais l'exportation de leurs métiers à filer ; mais ils introduisaient en Belgique, et de là en France, une partie de leurs produits ; voilà pourquoi le public appelle encore les fils mécaniques, *fils de Belgique.*

Ce ne fut qu'en 1820 qu'on construisit en France quelques métiers à filer ; ils étaient loin d'être parfaits et les premiers essais n'enrichirent pas les inventeurs. De nombreux perfectionnemens ont été successivement introduits et les fils mécaniques remplacent maintenant avec avantage ceux que la main filait autrefois.

DU COTON. — Le filage du coton ne remonte pas à une époque très éloignée ; mais cette matière étant plus facile à traiter que le lin et le chanvre, des filatures mécaniques s'établirent en grand nombre et dès 1808 ou 1810 elles pouvaient suffire aux besoins de la fabrication. Depuis lors, elles ont encore été tellement perfectionnées, que l'on peut dire que cette industrie n'a plus de progrès à espérer.

Dans nos départemens le nombre de ces établissemens est peu considérable et les fabricans sont forcés de s'approvisionner au loin.

Les premiers métiers à filer le coton qui aient paru à Laval sont ceux de MM. Tirouflet, rue de Beauvais, vers l'année 1804.

DE LA LAINE. — Pour le filage de la laine, il n'a jamais été en grande faveur dans le pays, soit parce que cette matière demande plus de soins et de préparations, soit parce que l'emploi se bornant aux tricots à l'aiguille, ou à quelques flanelles, la consommation était trop peu importante pour oser l'entreprendre en grand. Cette industrie chez nous est encore à l'état d'enfance.

Médaille d'or.

MM. T. Mercier et Cie de Brives (*Mayenne*).

MM. Mercier et Cie, en hommes intelligens, ont su mettre à profit tous les perfectionnemens inventés jusqu'à ce jour. Leur filature est garnie de métiers fabriqués sur les meilleurs modèles qui aient paru à l'Exposition universelle de Londres, et leurs cotons filés rivalisent avec ce qu'il y a de mieux en Normandie ou dans le Nord.

Le jury pour récompenser leurs efforts leur décerne une médaille d'or.

Médaille d'argent, grand module.

MM. Caternault, Caillé et Cie de Cholet.

La maison Caternault, Caillé et Cie possède une filature de lin très importante; elle vend ses produits non seulement à Cholet, mais encore dans plusieurs autres fabriques considérables, telles qu'Alençon, le Mans, Laval, etc. Leurs fils sont remarquables par leur égalité et leur douceur. Ils conviennent parfaitement pour trames; mais ils manqueraient de force pour chaînes, dans les tissus serrés.

MM. Caternault, Caillé et Cie fabriquent en outre de très beaux mouchoirs blancs, à des prix avantageux.

Médaille d'argent.

MM. Hugon et Alliot, de Cholet.

Ces Messieurs ont exposé d'excellens échantillons de retors câblés pour lames, de cordonnets en tous genres, de ganses, de fils à coudre, en lin et en coton, de toutes nuances; ils méritent une médaille d'argent.

Mentions honorables.

M. François Chauvin, de Craon.

M. Chauvin a exposé un paquet de fil de main, très

fin et d'une égalité parfaite. Ce n'est plus qu'un souvenir de l'industrie qui fit la fortune de nos ancêtres et un témoignage de leur habileté ; car on n'en trouverait peut-être pas, dans tout le département, une quantité suffisante pour fabriquer une pièce de toile.

(Le jury regrette de ne pouvoir accorder qu'une mention honorable aux exposants dont les noms suivent et qui ne peuvent concourir, parce que leurs établissemens ne sont pas situés sur le territoire des départemens associés.)

MM. Feray et Cie d'Essonne, ont bien voulu orner notre Exposition des produits de leurs filatures de Palleau et de Corbeil dont les fils servent à tisser une grande partie des toiles et des coutils qui se fabriquent dans la Mayenne. Le public a surtout admiré leurs magnifiques échantillons de serviettes damassées.

M. Duret a exposé les produits de sa filature de Brionne. Le jury a apprécié la bonté et la beauté de ses cotons, et se plaît à reconnaître que leur emploi ne peut servir qu'à accroître la réputation des coutils de Laval.

M. Aberdeen Gordon, de Montrose (Ecosse), a voulu prouver la supériorité de sa patrie, en étalant une balle de fils de lin très beaux et parfaitement filés. Mais, tout en rendant hommage à leur belle qualité, le jury pense qu'ils ne sont pas d'une vente courante ; il faut des N^os^ moins élevés pour les articles du pays.

M. Théodore Rosney, d'Ouilly-le-Vicomte, a envoyé des cotons, chaine continue, d'une beauté et d'une qualité remarquables. Espérons que le travail de cette importante filature ne sera pas interrompu par la mort prématurée de son chef.

CHAPITRE II. — *Tissage*. (1)

Nos aïeux se bornaient à fabriquer
Ces tissus que réclame
La beauté voilant ses attraits. (2)

La renommée de nos tisserands s'était étendue au loin et le monde entier parle encore des toiles de Laval.

Les goûts simples de nos ancêtres n'exigeaient pas beaucoup d'efforts d'imagination ; le fils était vêtu comme son père, et la fille portait la robe de sa grand'mère.

Mais voilà que plusieurs peuples se trouvent réunis à Paris. L'étrangeté de leurs costumes frappe les yeux,

(1) Trois exposans n'ont pas voulu prendre part au concours parce qu'ils étaient membres du jury ; cette délicatesse nous fait un devoir de leur rendre justice. Ce sont :

MM. Paul Tirouflet et Davaux, plusieurs fois médaillés aux Expositions de Paris. Ils ont étalé un magnifique assortiment de coutils, écrus, blancs et de fantaisie. Nous avons surtout remarqué leurs crêpés imitant la laine à s'y méprendre, et leurs tricots doubles pour uniforme de la gendarmerie et gants de militaires ; ces tricots sortent des ateliers qu'ils ont à Troyes.

La maison Couanier frères, la plus ancienne peut-être de tout le pays, a exposé un assortiment complet de *toiles de ménage* d'excellente qualité et d'un cours à la portée de tout le monde, ainsi que deux très belles toiles dites *bisonnes*. Cette collection soutient parfaitement la réputation de l'antique fabrique de Laval.

M. Léon Rigot de Château-Gontier a exposé plusieurs pièces de flanelles d'un prix très avantageux. Peu de personnes daignent s'adonner à la fabrication de ces étoffes, cependant si utiles aux gens de la campagne et à la classe ouvrière. La fabrique de M. Léon a depuis long-temps une réputation bien méritée.

(2) Cantate composée pour l'Exposition.

et la mode devient une réalité. Chacun veut du coutil russe, on ne rêve que coutil russe. Un nouveau champ s'ouvre pour notre commerce languissant; et en tête des fabricans de l'époque on voit figurer un nom que l'on retrouve partout où il s'agit de progrès ou de bien (1).

Mais la mode est comme le temps, passagère et fugitive; aussi se lassa-t-on bientôt des tissus unis, et il fallut inventer des rayures, des carreaux et ces mille dessins divers, connus sous le nom de *façonnés*; fleurs du matin fanées le soir.

§ I. — *Toileries.*

Médaille d'or.

MM. Verdier frères, à Fresnay (*Sarthe*).

Chargés des lauriers de leurs précédentes victoires, **MM.** Verdier frères se présentent pour recevoir une nouvelle couronne. Il n'est pas possible d'offrir une plus belle collection de toiles fines, de toutes largeurs. Elles ont été admirées par tout le monde. — Mais le jury, en leur décernant une médaille d'or, ose manifester un désir : c'est que ces Messieurs veuillent bien consacrer aussi leur talent au bien-être des classes moyennes, en fabriquant des toiles d'un cours inférieur et d'un prix accessible à toutes les fortunes.

Médaille d'argent.

MM. Pellaumail, Durand et Cie, à Cholet.

Les toiles de Cholet qui rivalisent si bien avec les

(1) M. Chamaret père.

batistes de Cambrai et autres fabriques du Nord, ont pu être appréciées par les connaisseurs, car MM. Pellaumail et Durand nous en avaient envoyé un très bel assortiment. Le jury a surtout remarqué une admirable pièce cotée 5 fr. 50. De pareils produits font la réputation d'une fabrique.

Médailles de bronze.

M. Camus, de Cholet.

Une autre branche très importante de la fabrique de Cholet est celle des mouchoirs. Autrefois Mayenne avait grande renommée pour cet article ; mais, après une lutte de quelques années, il lui fallut reconnaître un vainqueur, et chercher ailleurs la fortune. Le jury accorde à M. Camus une médaille de bronze pour ses mouchoirs écrus et blancs, d'un prix très modéré, pour leur qualité.

Il décerne aussi une médaille de bronze à M. Rabbé, de Laval, pour ses belles toiles blanches et écrues, pour chemises ; et pour ses serviettes en linge ouvré.

Mentions honorables.

MM. Coulon, de Montsûrs, Dinomais, d'Avesnières, et Pineau, de Cholet, méritent une mention honorable ; le premier pour ses toiles jaunes, connues au loin sous le nom de *toiles d'Evron* ; le second pour la bonne fabrication de son linge ouvré, fait *à la marche* ; enfin M. Pineau, pour la variété de ses mouchoirs de couleur, à des prix très bas.

§ II.— *Coutils unis et façonnés.*

Médailles d'or.

MM. P. Marie, Bretonnière et Cie, à Laval.

La maison P. Marie n'est pas à son coup d'essai; elle a déjà concouru et remporté des médailles aux Expositions nationales et départementales. Le public a pu se convaincre qu'elles étaient méritées.

Outre les coutils façonnés, MM. P. Marie et Cie fabriquent avec leurs métiers *Jacquard*, de très beaux piqués qui rivalisent avec ceux d'Angleterre, et des gilets brochés très riches et d'un goût exquis. Le jury est heureux de leur décerner une médaille d'or, non-seulement comme récompense de leurs travaux, mais aussi pour les améliorations qu'ils apportent chaque jour à leur fabrication, dans l'intérêt du pays.

MM. Piednoir et Gontier, à Avesnières.

La fabrique de MM. Piednoir et Gontier remonte à peu d'années et déjà ils se trouvent placés au premier rang. Leurs coutils unis et façonnés sont faits avec soin et intelligence; mais ce qui en fait surtout le mérite, c'est qu'ils sont à la portée de tous les consommateurs, soit par la convenance des dispositions, soit par la modicité des prix. Pour les encourager de plus en plus dans cette voie, le jury leur accorde une médaille d'or.

Grandes Médailles d'argent.

MM. Chevrie frères, à Avesnières.

La réputation de MM. Chevrie est faite depuis longtemps, et les coutils unis et façonnés qu'ils ont exposés, ont prouvé qu'ils la méritaient. Le jury a surtout apprécié trois coutils gris, d'une finesse remarquable, et parfaitement réussis. Ils méritent une grande médaille d'argent.

MM. Journé, Grisier et Cie, à Changé.

MM. Journé, Grisier et Cie possèdent trois fabriques importantes, l'une à Troyes, l'autre à Villefranche et la troisième à Laval. Pour embellir notre Exposition, ils ont étalé les produits de ces diverses fabriques; mais le jury n'avait à examiner que ceux qui se font à Laval. Nous ne dirons donc rien de leurs doublures glacées, moirées, gaufrées, etc.; mais ils méritent une grande médaille d'argent pour leurs façonnés, d'une teinte excellente, et d'une très bonne fabrication.

Médailles d'argent.

M. Moulinais-Barbrel, à Laval.

Cette maison qui, il y a quelques années, ne faisait que des bas prix, a augmenté sa fabrication et produit maintenant des façonnés de toute qualité. Elle fabrique en outre des toiles à paillasse, des doublures et quantités d'autres articles.

M. Moulinais, aidé de ses fils, déploye une grande activité et dirige ses ateliers avec intelligence; il mérite une médaille d'argent.

M. Chauvin-Georget, à Laval.

L'exposition de M. Chauvin-Georget forme une collection complète des coutils unis que l'on fabriquait à Laval avant l'invasion des façonnés. Le jury lui accorde une médaille d'argent; mais il regrette de ne pas lui décerner une récompense plus élevée, qu'il eût méritée sans doute, s'il eût voulu exposer ses autres produits.

Médailles de bronze.

M. Adolphe Cré, à Avesnières.

Le jury décerne une médaille de bronze à M. A. Cré., pour ses coutils huit lissures et ses façonnés bien faits, quoique cotés à des prix très peu élevés.

M. Léon Vannier, à Laval.

La fabrication de M. Vannier n'est pas très variée, mais il réussit parfaitement les courses bas prix, et quoiqu'il se borne à ce seul genre, il occupe un assez grand nombre d'ouvriers. Il mérite une médaille de bronze.

Mentions honorables.

Le jury regrette de ne pouvoir accorder qu'une mention honorable à MM. Cribier frères, d'Avesnières, et Paul Carré, de Laval; celui-ci égale M. Vannier pour la bonne fabrication des courses, mais il occupe moins d'ouvriers; MM. Cribier, qui ne font que débuter dans l'article façonné, sont des jeunes gens d'avenir.

§ III. — *Tissus de coton.*

Médaille d'or.

MM. Ve P. Horem et Denis aîné, à Fontaine-Daniel.

La maison Ve Horem et Denis, existe depuis longtemps et occupe un nombre considérable d'ouvriers. Elle possède une filature de coton dont elle consomme les produits. Sa fabrication consiste en calicots écrus, unis et rayés. Les métiers mécaniques qu'elle emploie pour le tissage de ces calicots, leur donnent une grande régularité; aussi sont-ils toujours vendus à l'avance, tandis que nombre d'autres fabricans ont été forcés de fermer leurs ateliers. Le jury décerne une médaille d'or à MM. Vᵉ P. Horem et Denis aîné.

Médailles de bronze.

M. Barré-le-Donné, à Oisseau (*Mayenne*).

M. Barré a une fabrique à Flers; mais les toiles et coutils qu'il a exposés, ont été faits à Oisseau. Ses toiles coton, écrues et blanches, soit à trame mouillée, soit à trame sèche, sont bien réussies, ainsi que ses coutils pour literie. Il mérite une médaille de bronze.

M. Roussel-Pilatrie, à Ambrières (*Mayenne*).

Comme le précédent, M. Roussel-Pilatrie possède une fabrique à Flers. Il a exposé des coutils pour literie, qui méritent une médaille de bronze. Nous ne dirons rien de ses mouchoirs coton, qui, sans doute, ont été gâtés dans le trajet d'Ambrières à Laval.

M. Mansey-Gontier, à Avesnières.

M. Mansey-Gontier a pour spécialité les coutils pour literie, en fil et coton, de toutes largeurs. La qualité en est excellente et les prix modérés; le jury lui accorde une médaille de bronze.

M. Pouteau-Simon, à Laval.

Tandis que d'autres visent à fabriquer des tissus

recherchés et de haute nouveauté, M. Pouteau continue la fabrication des articles qui ont fait la fortune de quantité de nos ancêtres. Il s'applique à faire de bonne et solide marchandise, et l'on trouve chez lui un assortiment complet de cotonnades diverses, grisettes, jaspés, doublures, etc. Une médaille de bronze lui est due.

M. Guyau-Guillouard, à Laval.

M. Guyau-Guillouard a aussi une fabrication toute particulière ; c'est celle des blouses. La collection qu'il a offerte est complète et très remarquable par la beauté et l'élégance des broderies dont ces blouses sont ornées. Mais ce qui en fait surtout le mérite, c'est leur prix modéré, qui les met à la portée de tous. M. Guyau lutte avec succès contre la fabrique de Lille et le jury lui décerne une médaille de bronze, pour le récompenser de ses efforts.

§ IV. — *Tissus de laine.*

Médaille d'or.

M. Chesneau, à Laval.

Depuis un temps immémorial on a fabriqué des étoffes grossières, moitié fil, moitié laine, à l'usage de la campagne et des pauvres ; plus tard on substitua le coton au fil, sans doute par économie, mais ce n'était pas un progrès.

Lorsque l'établissement de Chanteloup se trouva anéanti par la perte de son estimable chef, M. Chesneau vint s'y fixer, et depuis quelques années il y a établi une filature de laines et une fabrique de flanelles.

Sortant de l'ornière de la routine, il s'est élancé dans la voie du progrès et a surmonté tous les obstacles. Par son intelligence et son activité, et aussi avec l'aide d'un excellent contre-maître, il est parvenu à créer dans nos contrées une fabrique rivale de celles de Lizieux, Limoges et Tourcoing. Nous faisons des vœux pour que ses succès aillent toujours croissant, et qu'il triomphe de tous ses rivaux.

M. Chesneau a rendu un immense service au pays, en y apportant une industrie qui permettra aux ouvriers tisseurs de continuer leurs travaux pendant l'été, et les délivrera du chômage forcé et périodique qui pesait si lourdement sur eux. Pour récompenser un tel service, le jury est heureux d'offrir à M. Chesneau une médaille d'or.

Médaille de bronze.

M. Fournier-Boutevin, à Mayet (*Sarthe*).

M. Fournier ne s'est pas lancé dans la grande nouveauté comme M. Chesneau, mais ses draperies sont bonnes et bien réussies. Les consommateurs trouveront chez lui des étoffes solides et fabriquées avec soin ; il mérite une médaille de bronze.

Mention honorable.

M. Boisseau-Yvon, à Avesnières.

M. Boisseau qui fut pendant quelque temps l'associé de M. Chesneau, a depuis peu fondé une maison à Avesnières. Il y fabrique des flanelles côtelées qui conviennent parfaitement pour vêtemens d'hommes. Cet établissement a de l'avenir et mérite encouragement.

§ V.— *Tissus divers.*

Médaille d'argent.

M. Baton-Rambos, à Vitré.

Le jury décerne une médaille d'argent à M. Baton pour ses tricots fantaisie et à l'aiguille. Le public a admiré l'élégance et la fraîcheur des produits de cette maison. La ville de Vitré doit des remercîmens à M. Baton, pour la création d'une industrie, qui perpétuera, ou même augmentera, la renommée de ses tricoteuses.

M. A. Hillaire, à Angers.

M. Hillaire a exposé des tuyaux en chanvre, sans couture, et des seaux en toile, pour alimenter les pompes à incendie. Ces tissus sont parfaitement conditionnés. M. Hillaire possède en outre une fabrique considérable de toiles à voiles; il mérite une médaille d'argent.

Médailles de bronze.

Mlle Poirier, de Vitré.

Comme M. Baton, Mlle Poirier a exposé des tricots fantaisie dont le travail ne laisse rien à désirer; mais son exposition pèche un peu dans l'assortiment des nuances et la variété des couleurs. Le jury lui offre une médaille de bronze.

Mlle Verger, de Laval, mérite aussi une médaille de bronze pour un tapis en laine, à l'aiguille, parfaitement travaillé et admirablement nuancé.

Grande Médaille d'argent.

MM. Vetillart père et fils, au Mans.

Quelques paquets de fil, ocrés, crêmés ou blanchis, ne sont guères capables de donner une idée de l'importance du commerce de M. Vetillart. Mais si l'on réfléchit que, sans matière convenablement préparée, le meilleur ouvrier ne peut rien faire de bien, on entrevoit le travail que cette préparation exige.

M. Vetillart fils n'a pas craint de faire un long apprentissage en Angleterre, afin de connaître tous les secrets de l'art. Un tel sacrifice ne pouvait rester infructueux, et MM. Vetillart approvisionnent maintenant une grande partie des fabriques du Mans, de Laval et d'Alençon. Le blanchîment de leurs fils ne laisse rien à désirer. Le jury leur décerne une grande médaille d'argent.

Médaille d'argent.

M. Brasseur, à Laval.

Le jury offre une médaille d'argent à M. Brasseur, pour sa magnifique collection de fils, cotons et plumes de toutes nuances. Que les plus habiles fabricans feraient-ils, sans cet admirable talent!

Médailles de bronze.

M. Thuilerie, à Laval.

Les échantillons offerts par M. Thuilerie approchent de très près de ceux présentés par M. Brasseur. Le jury espère qu'à la prochaine Exposition M. Thuilerie prendra sa revanche.

M. Thuilerie possède aussi une fabrique de cotonnades, jaspés, doublures, etc., très bien réussies.

M. A. Féron-Marie, à Mayenne.

On a pu voir quel changement produit une belle teinture et un bel apprêt, sur un tissu léger, en comparant les calicots écrus de la fabrique de Fontaine-Daniel, avec les mêmes tissus sortant des ateliers de M. Féron. On dirait une autre marchandise. Aussi le jury lui décerne avec plaisir une médaille de bronze, et l'engage à compléter les services qu'il rend au pays, en établissant dans ses ateliers, les systèmes d'apprêts qui ont fait et font encore la richesse des fabriques de Rouen et de Roubaix.

Mentions honorables.

MM. Gallet frères, de Flers, et MM. Petel et Cie, de Rouen, étant hors du territoire social, ne peuvent recevoir qu'une mention honorable. Ils méritaient assurément une médaille; ceux-ci pour leurs échantillons de cotons chinés, ceux-là pour les mille nuances rayonnantes de leurs cotons imprimés.

CHAPITRE IV. — *Instrumens pour le tissage.*

Médaille de bronze.

M. Bordeau-Yvain, à Mayenne.

M. Bordeau a une réputation fort étendue et justement méritée pour ses peignes à tisser. Il en fournit non-seulement à Laval et à Mayenne, mais il a des dépôts dans plusieurs autres villes; ses rôts ou peignes sont d'un travail achevé.

Mentions honorables.

M. Dieul, à Flers, n'a droit qu'à une mention honorable, comme étranger aux départements associés. Ses peignes sont parfaitement couchés et lissés.

Il a aussi une fabrique de lames ou lissures à maillons, qui conviennent parfaitement à certaines fabrications, mais nullement à celle de Laval.

M. Léon Derault, à Laval, mérite une mention honorable pour une navette parfaitement conditionnée et à laquelle il a joint un perfectionnement très utile. Il consiste dans une petite lame, formant ressort, et adaptée au crochet, de telle sorte que le fil ne peut se dépasser.

M. Herriau, à Laval, a exposé une châsse à double-boîte de chaque côté, et pouvant faire marcher trois navettes à volonté. Le jury, pour le récompenser de ses efforts, lui accorde une mention honorable, mais il est à craindre que l'effort nécessaire pour faire agir le mécanisme, ne soit aussi gênant pour l'ouvrier, que le changement de navette.

IIIe SECTION.

Rapport de la IIIe Section par M. CAILLAUX.

Cette Section comprend les produits minéraux, la métallurgie, les machines, outils et instruments, les matériaux de construction, l'horlogerie, les instruments d'optique et de mathématiques, l'arquebuserie, la chaudronnerie, la serrurerie, la ferblanterie et la carrosserie.

NOMBRE DES EXPOSANTS : 93.

Exploitations placées hors ligne : Vases de Sèvres donnés par le Gouvernement.

Compagnie générale des mines de Mayenne et Sarthe.

L'exploitation des mines de la Compagnie générale des mines de la Mayenne et de la Sarthe produit annuellement, en moyenne, 900,000 h. 00 hectolitres d'anthracite dont le prix moyen est de 2 francs l'hectolitre pris sur le carreau de la mine, et qui servent à la fabrication de trois millions environ d'hectolitres de chaux, dont les 19/20 sont employés comme engrais pour l'agriculture.

L'exploitation de ces mines n'occupe pas moins de 950 ouvriers.

Compagnie des mines de houille de Saint-Pierre-la-Cour (*Mayenne*).

L'exploitation des mines de Saint-Pierre-la-Cour produit annuellement, en moyenne, 150,000 h. 00 hectolitres de houille dont le prix moyen est de 1 fr. 90 c. l'hectolitre pris sur le carreau de la mine.

Elle n'occupe pas moins de 110 ouvriers.

La houille de Saint-Pierre-la-Cour est employée dans le département de la Mayenne comme houille maréchale, elle sert à l'alimentation des machines à vapeur ainsi qu'à la fabrication de la chaux.

Médailles d'or.

Compagnie des ardoisières de Chattemoue en Javron (*Mayenne*).

La compagnie des ardoisières de Chattemoue a exposé une table de billard d'un seul morceau, une croix, une table ronde, et divers échantillons d'ardoises, et de carreaux en schiste ardoisier.

Ces produits sont très remarquables, et méritent une distinction spéciale.

Le schiste ardoisier de Chattemoue présente la plus grande analogie avec celui des carrières du pays de Galles en Angleterre, et paraît susceptible des mêmes applications.

M. Gourdin, horloger, ingénienr-mécanicien, à Mayet, près le Mans (*Sarthe*).

Parmi les objets présentés par M. Gourdin, le jury a distingué une grande horloge de luxe, deux horloges de moyenne force de 800 francs et de 1,000 francs, et plusieurs tourne-broches.

La bonne exécution de ces travaux, et le talent d'invention qui les caractérise, rendent l'auteur digne de la médaille d'or.

La fabrication de M. Gourdin est très considérable. Il a fourni des horloges pour cathédrales, villes ou communes, dans une grande partie de l'Ouest de la France.

M. Roussel, propriétaire des forges d'Orthe (*Mayenne*).

Les forges d'Orthe fournissent principalement de la fonte de moulage, dont la fabrication se fait au combustible végétal.

Leur production annuelle est en moyenne de :

6,500 quintaux métriques de fonte brute au prix de 12 francs.

7,500 quintaux métriques d'objets moulés de première fusion au prix de 24 francs.

2,200 quintaux métriques d'objets moulés de deuxième fusion.

900 quintaux métriques de fer brut à 30 francs.

250 quintaux métriques de fer fendu.

Les produits exposés par M. Roussel sont d'une bonne exécution et d'excellente qualité.

M. Marié, directeur des forges du Port-Brillet (*Mayenne*).

Les forges du Port-Brillet fournissent du fer fendu,

qui sert à la fabrication de la clouterie, à Angers, Nantes, Rennes, Domfront, etc., etc.

La fabrication du fer et de la fonte s'y fait uniquement au combustible végétal.

La production annuelle est en moyenne de :

5,500 quintaux métriques de fonte dont le prix est de 11 fr. 50 c.

1,000 quintaux métriques de gros fer à 29 francs, servant à la fabrication de bandages de roue, de socs de charrue et de fers à cheval.

Et de 5,000 quintaux métriques de fer fendu à 34 francs.

Les échantillons de ces divers produits exposés par M. Marié sont de bonne qualité.

Médailles d'argent (grand module).

M. Jarlaud, mécanicien aux mines de Sablé.

M. Jarlaud a inventé un nouveau système de flotteur, indicateur du niveau de l'eau dans les chaudières à vapeur ; l'établissement de ce flotteur est très simple, on peut à chaque instant et fort aisément vérifier l'exactitude de ses indications.

Ce système est appliqué depuis plus de six mois aux mines de Sablé, où il fonctionne avec un entier succès.

M. Camille Humeau, mécanicien à Laval.

M. Camille Humeau a exposé une chaudière à vapeur d'une bonne confection.

M. Jusseaume, poëlier-fumiste, 25, rue du Calvaire, à Nantes.

M. Jusseaume a exposé un calorifère en tôle et fonte ornée à double façade, trois fourneaux de cuisine dits fourneaux économiques de diverses grandeurs. Leur disposition économique, leur bonne exécution, leur ornementation à la fois simple et convenable, leur prix peu élevé, ont déterminé le jury à accorder à M. Jusseaume une médaille d'argent grand module.

Médailles d'argent (petit module).

M. Clenet, constructeur à Mayenne.

M. Clenet a exposé des fourneaux économiques, simples, bien disposés et bien exécutés ; le jury a distingué surtout l'appareil destiné à l'hospice de la Roche-Gandon près Mayenne.

MM. Joniaux frères, poëliers, plombiers, pompiers et fumistes, rue de la Trinité, 23, à Laval.

MM. Joniaux frères ont exposé un fourneau de cuisine d'un excellent travail, un calorifère et plusieurs modèles de cheminée.

M. Laisis, carrossier à Laval.

M. Laisis a exposé deux voitures convenablement exécutées, un harnais très bien confectionné et divers appareils de précision.

MM. H. Pouriau et fils, carrossiers, Avenue de Paris, N° 1, au Mans.

MM. Pouriau ont exposé une calèche dont les ressorts et les ferrures sont exécutés avec le plus grand soin, et un harnais bien confectionné.

M. Leconte, horloger à Rennes, place du Palais.

M. Leconte a exposé des montres de nuit à réveil et curseur de son invention, qu'il vend 15 francs en gros, et des pendules portatives à répétition et à réveil qu'il vend 30 et 22 francs.

La bonne exécution de ces produits, et leur prix peu élevé méritent à l'auteur une médaille d'argent.

M. Schweiger, docteur-médecin, à Laval.

M. Schweiger a inventé un appareil distillo-évaporatoire, fonctionnant au moyen de la chaleur latente et de la vapeur d'eau comprimée, et permettant d'opérer la distillation séparée, mais simultanée, de plusieurs liquides dont les points d'ébullition diffèrent les uns des autres.

M. Bodereau (Jean), à Bonchamps, près Laval.

M. Bodereau fabrique sans machines, exclusivement des faulx et des faucilles très estimées et recherchées dans le département de la Mayenne à cause de leur excellente confection. M. Bodereau livre au commerce annuellement plus de 1,800 faulx et 500 faucilles. Le jury l'a jugé digne de recevoir une médaille d'argent.

M. Dabe, fondeur à Laval.

M. Dabe a exposé des roues d'engrenages très bien exécutées.

M. Moussier, opticien à Nantes.

M. Moussier a inventé des verres de lunettes à double foyer, disposés de façon qu'on puisse écrire et lire de près en baissant les yeux, et voir de loin en les levant.

M. Dunial, place Saint-Pierre, au Mans.

M. Dunial a exposé des balances à bascule et des balances de comptoir, avec modifications de son invention ; la solidité, la bonne exécution, le prix modéré de ces produits, ont déterminé le jury à accorder à M. Dunial une médaille d'argent.

L'établissement de M. Dunial est très important, il fabrique annuellement en moyenne 550 bascules, 450 balances de comptoir et 1,800 romaines. Ces produits s'expédient dans tout l'Ouest de la France.

M. Riby, à Angers.

M. Riby a exposé des meules de moulin d'une qualité supérieure et d'une excellente exécution.

Il a créé l'établissement dans lequel il fabrique aujourd'hui environ 400 paires de meules par an.

Médailles de bronze.

M. Crinière à Villaines (*Sarthe*).

M. Crinière a exposé des meules de très bonne qualité.

M. Praud, à Laval.

M. Praud a exposé un fourneau économique, un pot à bouillon et une pompe. Ces objets se recommandent par d'heureuses dispositions et une bonne exécution.

M. Auguste Robert, à Laval.

L'appareil distillatoire de M. Auguste Robert se distingue par une exécution parfaite.

M. Chesneau, carrossier à Laval.

M. Chesneau a exposé une voiture (calèche) bien confectionnée.

M. Covlet, fondeur, rue de Nantes à Laval.

M. Covlet a exposé une chaire à prêcher en fonte moulée et une roue d'engrenage. Ces objets sont bien exécutés.

M. Chasseboeuf, armurier, place de l'Hôtel-de-Ville à Rennes.

M. Chasseboeuf a présenté des armes bien confectionnées.

M. Baudry, armurier à Laval.

Les fusils et pistolets exposés par M. Baudry sont d'une exécution très satisfaisante.

M. Théard, serrurier, à la Guerche (*Ille-et-Vilaine*).

M. Théard a exposé une serrure de coffre-fort confectionnée avec le plus grand soin.

MM. J. Journault, Monnier, Anfray et Cie, à Renazé (*Mayenne*).

MM. J. Journault, Monnier, Anfray et Cie fabriquent annuellement neuf millions d'ardoises qu'ils expédient dans les départemens de la Mayenne, d'Ille-et-Vilaine et jusque dans la Manche, l'Orne et le Calvados. Ces ardoises sont de bonne qualité.

MM. René et Fiacre Bourdais, à Renazé (*Mayenne*).

MM. René et Fiacre Bourdais présentent aussi des échantillons d'ardoises de même valeur.

M. Viot, aux Agets, commune de Saint-Brice (*Mayenne*).

M. Viot a exposé des échantillons de carrelage et des tuyaux de drainage de bonne qualité et bien exécutés.

M. Trottier, à Angers.

M. Trottier a présenté un nouveau système de poutre en tôle et bois.

Mentions honorables.

M. Tallois, fabricant à l'Angiboudière, commune de Chevaigné (*Mayenne*).

M. Tallois a exposé des instruments de mathématiques.

M. Haumouche, carrossier à Laval.

M. Haumouche a exposé une voiture dog-car bien confectionnée.

M. Langlois poëlier-fumiste, à Laval.

M. Langlois a exposé des cheminées d'une exécution satisfaisante.

M. Jiugni, poëlier-fumiste à Laval.

M. Jiugni a exposé une cheminée construite avec soin.

M. Gontier, mécanicien à Avesnières.

M. Gontier a exposé une vis de pressoir dont la disposition et l'exécution sont bonnes.

M. Macé (François), charron à Laval.

M. Macé a exposé des instruments de charpentier, de jardinier et de terrassier, bien confectionnés.

M. Bossard, à Rennes.

M. Bossard a exposé une enclume de bonne qualité.

MM. Drouilleau et Covlet, à Laval.

MM. Drouilleau et Covlet ont exposé des échantillons de carrelage.

M. Chrétien, directeur de la Ferme-Ecole du Camp près Laval.

M. Chrétien a exposé des tuyaux de drainage.

M. Lévêque, ciseleur-graveur, 19, quai d'Orléans, à Nantes.

M. Lévêque a exposé un nouveau modèle de serrure.

M. Letessier, serrurier à Laval.

M. Letessier a exposé une serrure (nouveau modèle).

M. Beucher, de la Gravelle (*Mayenne*).

Poudre, dite *poudre d'or*, produit naturel, exploité par M. Beucher.

M. Fournier, ferblantier à Laval.

M. Fournier a exposé une statuette en ferblanc confectionnée avec art.

IVe SECTION.

Rapport de la Section des arts divers par **M. Piquet.**

Cette Section renferme 170 exposants.

104 récompenses ont été accordées : savoir :

Quatre médailles d'or ; sept médailles d'argent, grand module ; vingt-sept médailles d'argent, petit module ; vingt-cinq médailles de bronze ; quarante et une mentions honorables.

La diversité des produits compris dans la IVe Section, a déterminé le jury à les diviser en neuf catégories, savoir :

1° Les cuirs tannés, chamoisés et corroyés ;

2° Les chaussures en cuir et en bois, la chapellerie, les objets en caoutchouc et les vernis ;

3° La menuiserie, l'ébénisterie, les objets tournés et ceux d'ameublement ;

4° La papeterie, la lithographie, la typographie, la reliure et les cartonnages ;

5° Les broderies de différents genres, les confections de blanc et la passementerie ;

6° Les corsets, perruques, dessins en cheveux, dents artificielles et vêtements confectionnés.

7° Les substances alimentaires, solides et liquides;

8° Les bougies, les chandelles, les huiles et graines oléagineuses.

9° Les produits divers.

1re Classe. — *Cuirs de toute nature.*

L'ensemble des industries renfermées dans cette classe est d'une grande importance pour nos pays. Ces produits étaient nombreux à l'Exposition et généralement très remarquables.

Médailles d'or.

M. Costé-Tafforeau, tanneur, rue de Rivière, à Laval.

Cuirs forts tannés et cuirs corroyés pour cordonniers et carrossiers. Ces cuirs sont préparés avec le plus grand soin; M. Costé, tout jeune qu'il est, s'est placé de suite au premier rang et représente dignement la tannerie qui a toujours été une des branches les plus importantes de l'industrie Lavalloise.

M. Pierre Brisou, fils aîné, tanneur à Rennes.

L'établissement de M. Brisou date de l'année 1790. Ce fut la première fabrique de tannerie établie à Rennes qui méritât de porter vraiment ce nom. Jusqu'à cette époque, non-seulement à Rennes, mais dans toute la Bretagne, on ignorait la manière de fabriquer les cuirs forts, que l'on demandait, ainsi que la plupart des autres cuirs, aux fabriques de Saint-Germain-en-Laye, de Givet, etc. A l'instar de celle de M. Brisou, vingt-cinq autres fabriques se sont bientôt élevées à Rennes, et maintenant l'industrie de la tannerie y est considérée comme une des plus importantes. Avant l'établissement de ces tanneries, les forêts de l'Etat et les bois des particuliers de la Bretagne étaient sans valeur pour le produit de l'écorce de chênes, qui n'était pas utilisée. L'immense quantité de tan qu'a nécessité le développement de l'industrie de la tannerie à Rennes et dans la Bretagne, ont élevé de cinq millions le produit des bois de ce pays.

M. Brisou ne prépare pas seulement les cuirs et peaux de la Bretagne, qui avant lui étaient fabriqués en Normandie, mais encore une immense quantité de cuirs importés de l'Amérique du Sud (Buénos-Ayres, Montevidéo, etc.). Il en est de même de tous ses confrères de Rennes, et maintenant la Bretagne, loin d'être tributaire de l'étranger, exporte ses cuirs préparés jusqu'en Angleterre.

M. Brisou a obtenu quatre fois la médaille d'argent aux Expositions de Paris. Le jury a apprécié, comme ils le méritaient, ses beaux produits envoyés à l'Exposition de Laval, entre autres : ses cuirs forts de Buénos-Ayres, tannés à la jussée, c'est-à-dire au jus de tannée, son cuir de bœuf du pays, lissé, à 2 fr. 20 le kil. etc., et lui a décerné la 2e médaille d'or.

Médailles d'argent.

M. E. Leroux, tanneur à Rennes (*Ille-et-Vilaine*).

Cuirs forts en cuirs de Buénos-Ayres et de Bordeaux, et cuirs lissés en cuirs de Rennes et de Montevidéo. La belle préparation de ces articles, et l'importance de la fabrique de M. Leroux, lui ont mérité une médaille d'argent.

M. Leroux fabrique annuellement 5,000 cuirs forts, savoir : 4,600 avec des peaux étrangères de la Plata, et 400 seulement avec les peaux du pays. Pour les cuirs lissés dont il fabrique chaque année, en moyenne, 2,400, la proportion des peaux du pays employées par lui, est bien plus considérable : 1,000 environ proviennent de la boucherie de Rennes. M. Leroux occupe annuellement plus de soixante-dix hommes, et de plus une machine à vapeur met en mouvement une autre machine qui comprime le cuir et remplace avantageusement le battage à la main. Il emploie chaque année la quantité énorme de 850,000 kil. de poudre de tan, qu'on récolte dans les diverses forêts d'Ille-et-Vilaine, des Côtes-du-Nord et du Morbihan. Cette récolte occupe, pendant les mois de mai, juin et juillet, mille à douze cents, hommes, femmes ou enfants. Le tan est trituré dans trois moulins à tan, à l'aide de coupe-écorces, pilons et radulateurs. Cette préparation occupe chaque jour six hommes et vingt-quatre femmes. La mission de ces dernières est d'enlever la mousse qui est adhérente à l'écorce.

M. Martin fils, à Rennes (*Ille-et-Vilaine*).

M. Martin a exposé une grande variété de fourrures : Manchons en martre véritable, des Pyrénées, de Russie, et du Canada, en fausse martre, en grèbe, en putois ; des tapis en peaux de renard, et des fichus dits *fichus anglais*, en vison, en grèbe, en fausse hermine, etc. La belle qualité de ces divers produits, qui sont achetés bruts par M. Martin et entièrement préparés, teints et confectionnés par lui, ont mérité à cet exposant une médaille d'argent.

M. Léon Savary, rue René d'Anjou, à Château-Gontier (*Mayenne*).

Guêtres en cuir, sans coutures, pour les chasseurs et pour l'armée. Cet industriel fabrique en grand cet article et a obtenu la fourniture de plusieurs régiments.

Médailles de bronze.

M. Léon Bouin, de Vitré (*Ille-et-Vilaine*).

Un cuir, petite vache en huile, très bien préparé.

M. Pierre Bossé, tanneur et mégissier à Châteaubriant (*Loire-Inférieure*).

Vingt-quatre peaux de moutons noirs en poils, très bien préparées.

M. Bougué, aîné, tanneur, rue de l'Echelle-Marteau, à Laval.

Cuirs forts étirés pour courroies de machines, d'une bonne qualité.

M. Philéas Besnier, mégissier, à Châteaubriant (*Loire-Inférieure*).

Fabrication de bayannes en croûte, dont cet industriel a exposé de beaux échantillons.

2e Classe. — *Chaussures, caoutchouc, vernis.* — *Chapellerie.*

Médailles d'argent.

1° M. Poirier, cordonnier-bottier, à Châteaubriant (*Loire-Inférieure*).

Le jury a cru devoir décerner la première médaille

d'argent à M. Poirier, qui, pour ses chaussures de chasse, imperméables, a déjà obtenu une médaille à la grande Exposition de Londres. On ne peut pas unir plus d'élégance et de légèreté à plus de solidité. L'imperméabilité est assurée par un corps gras et des peaux de vessie placées entre une double semelle. — Le jury a remarqué avec un vif intérêt, les souliers-guêtres de M. Poirier, faits d'après le même système, et qui peuvent se fermer avec une seule boucle, innovation très heureuse, pour ces sortes de chaussures.

M. Candy, bottier, à Laval.

M. Simon, bottier, à Laval.

Ces deux exposants ont mérité chacun une médaille d'argent, pour la bonté et l'élégance de leurs chaussures vernies : Bottes, souliers, bottines d'homme et de femme.

Les souliers piqués de M. Simon sont remarquables par la perfection du piqué et l'élégance de la forme.

M. Foucoin, sabotier, à Laval.

S'il est une chaussure utile, indispensable dans nos pays humides, ce sont certainement les sabots. On a pu rire quelquefois de ces *souliers de bois;* toujours est-il que l'usage des sabots que nous retrouvons chez nos aïeux les Gaulois, s'est continué jusqu'à nous, et se perpétuera encore long-temps. Du reste, les sabots eux-mêmes se sont ressentis du progrès que la civilisation a fait faire à toutes les industries, et ceux qu'expose M. Foucoin, sont si parfaits, si élégants, si gracieux, que les beautés le plus à la mode ne refusent pas d'en chausser leurs petits pieds.

Ces jolis sabots sont taillés d'abord par les ouvriers de M. Foucoin, et sont tous achevés par cet exposant seul, qui est, il faut le dire, un véritable artiste dans sa partie. Ils sont festonnés et ornementés au moyen d'instruments de l'invention du fabricant, ce qui lui permet de les livrer à des prix très modérés. Ses sabots ordinaires sont bien confectionnés et se distinguent aussi par la modicité du prix.

MM. Edard-Labutte, fabricants de chapeaux, à Evron (*Mayenne*).

Ces industriels qui depuis long-temps fabriquent des chapeaux de feutre et approvisionnent les détaillants du Maine et de la Normandie, sont parvenus, en employant le poil de lapins et lièvres du pays, à livrer leurs produits à des prix très modiques ; ils ont joint à leurs fabriques de chapeaux de feutre, celle des chapeaux de soie.

Médailles de bronze.

M. Leterme, rue d'Avesnières, à Laval.

Chaussures et divers autres objets en caoutchouc.

M. Moranne, sabotier, à Montsûrs (*Mayenne*).

Brodequins et sabots-souliers d'un prix très-modéré.

M. Cerf, fabricant de vernis à Nantes (*Loire-Inférieure*).

Les vernis pour chaussures et harnais, exposés par M. Cerf, ont mérité une médaille de bronze pour leur bonne fabrication et le choix des matières premières employées dans leur fabrication. Dans son vernis pour la chaussure, au lieu d'employer, comme on le fait habituellement, la mélasse, qui étant la partie gommeuse du sucre, a l'inconvénient d'empêcher le vernis de sécher, de lui faire prendre la poussière, de le faire coller aux pantalons et aux robes, et enfin de le faire épaissir et de le rendre inservable au bout de peu de temps, M. Cerf emploie le sucre candi, c'est-à-dire le sucre dégagé de toutes ses parties aqueuses et gluantes. Aussi son vernis ne colle pas, sèche promptement et peut se conserver très long-temps.

Mentions honorables.

M. Porcher, ouvrier sabotier, à Laval.

Sabots sculptés et piqués, remarquables par leur élégance et le fini du travail, mais ne pouvant faire l'objet d'une grande consommation, à cause de l'élévation de leur prix.

M. Jouault, cordonnier, Basse-Grand'Rue, à Laval.

Chaussures bien confectionnées.

M. Bellanger, sabotier, à Mayenne.

Quatre paires de sabots très bien faits, mais d'un prix trop élevé.

M. Routier, chapelier, rue des Serruriers, à Laval.

Chapeaux de soie, montés sur feutre, bien confectionnés.

M. Croissant, chapelier, rue du Pont-de-Mayenne, à Laval.

Chapeaux d'une forme élégante.

M. Boulay, de Saint-Denis-du-Maine (*Mayenne*).

Deux chapeaux en paille du pays, tressée, très bien confectionnés. — Il serait à désirer que l'industrie de la paille tressée se développât chez nos populations agricoles : ce serait pour elles une occupation lucrative pendant les longues soirées de l'hiver.

3e Classe. — *Menuiserie, ébénisterie ; objets tournés et d'ameublement.*

Cette partie de l'Exposition n'a pas été aussi brillante que le talent bien connu de plusieurs de nos menuisiers-ébénistes pouvait le faire espérer. — Beaucoup, et des meilleurs, n'ont point pris part à la lutte, et ont ainsi perdu le bénéfice d'une Exposition qui ne doit se renouveler que dans quelques années.

Médaille d'or.

M. Diot, au Mans (*Sarthe*).

M. Diot a exposé un magnifique billard en bois de chêne de Russie, un parquet à compartiments variés, et vingt-quatre lisses de parquets de différents genres (fougère, bâtons-rompus, à l'anglaise, etc.) Les billards de M. Diot ont une immense réputation. Médaillé deux fois à Paris, il peut rivaliser avec les meilleurs facteurs de la capitale et approvisionne tout le pays de l'Ouest. La perfection de son billard et de ses parquets, l'importance de ses ateliers, où fonctionne une scierie mécanique, lui ont mérité la médaille d'or.

Médailles d'argent, grand module.

M. Félix Badin, à Saint-Georges-Buttavent (*Mayenne*).

Une table de salon à un seul pied en chêne du pays, s'ouvrant à quatre mètres, pour former table de salle à manger, et un lit en merisier, sculpté, fait entièrement par l'exposant.

M. Saillot, menuisier, à la Croix-de-Pierre, lès-Laval.

Un canapé, une chaise et un fauteuil en bois de hêtre, sculpté et découpé dans le style Louis XV. Ces objets, qui font partie d'un ameublement complet, font honneur à M. Saillot et lui ont fait décerner une médaille d'argent, grand module. M. Saillot a exposé aussi un prie-Dieu en acajou de sa composition. Le travail est bon.

M. Gaillard, ébéniste, Carrefour-aux-Toiles, à Laval.

Un lit en acajou, de forme élégante et d'un vernis remarquable.

M. Rousseau, fabricant de billards, à Rennes (*Ille-et-Vilaine*).

Billard en palissandre, avec incrustations, à bandes élastiques en métal. M. Rousseau présente des bandes élastiques métalliques comme supérieures aux bandes en caoutchouc, parce qu'elles sont à l'abri des influences atmosphériques, tandis que le caoutchouc durcit au froid et de plus renferme souvent des cavités qui nuisent souvent à la justesse du coup.

M. Rousseau, menuisier, au Mans (*Sarthe*).

Parquets et pavages en bois debout, remarquables par leur élégance et leurs prix moderés.

Médailles de bronze.

M. Robin, menuisier, à Cossé-le-Vivien (*Mayenne*).

Un buffet de salon, avec étagère sculptée. Ce meuble laisserait un peu à désirer dans les détails de la sculpture; cependant la forme est élégante; le placage et le vernis sont bons.

M. Rual, ébéniste, à Rennes (*Ille-et-Vilaine*).

Un lit incrusté.

M. Hubert, menuisier, au Mans (*Sarthe*).

Une série de presses pour ébénistes et menuisiers, d'un travail parfait, et divers plans d'escaliers qui dénotent chez cet exposant des connaissances théoriques qu'on rencontre rarement chez ses confrères.

M. Fiquemont, fils, tapissier, rue aux Foulons, à Rennes (*Ille-et-Vilaine*).

Un boudoir complet, garni de ses meubles, dressé dans une des Galeries de l'Exposition. Le bureau de dames, les bois et les garnitures des fauteuils ont été faits par M. Fiquemont et prouvent son talent d'ébéniste. La tenture du boudoir, en toile Perse, par son élégance et son bon goût, mérite de grands éloges.

M. Lolbin, à Angers (*Maine-et-Loire*).

Treillages de jardins de divers modèles. La perfection

de ces articles faits à la mécanique et la modicité de leurs prix, méritent la médaille de bronze qui a été décernée à M. Lalbin.

Mentions honorables.

M. Vannier, menuisier, rue de la Trinité, N° 8, à Laval.

Un lit et une commode très bien conditionnés.

M. Guichard, chaisier, à Laval.

Trois chaises d'une coupe élégante et solide.

M. Guérin, menuisier, à Rennes (*Ille-et-Vilaine*).

Un lit et une table de nuit en marquetterie.

M. Coignard, menuisier, à Château-Gontier (*Mayenne*).

Un lit et une armoire à glace, imitation d'ébène.

M. Gendron, à Château-Gontier (*Mayenne*).

Bancs, meubles rustiques et modèles de chaumières que cet exposant peut exécuter dans les jardins anglais.

M. Clain, tourneur, au Mans (*Sarthe*).

Métiers à broder, jouets, dévidoirs, étalages de modistes très élégants et très bien confectionnés.

M. Armand Pagnet, à Mayenne.

Un fauteuil et une jardinière rustiques, d'un bon goût et bien exécutés.

4e CLASSE. — *Papeterie, typographie, lithographie et reliures.*

Grandes Médailles d'argent.

MM. Artru et Jarry, à Sainte-Apollonie, commune d'Entrammes, près Laval.

Fabrication considérable de papiers continus pour rouleaux de tentures et journaux.

MM. Tonnellier et Cie. — Papeteries de Navrans, Lacourbe et L'Isle, à la Flèche, au Lude et à Avoise (*Sarthe*).

Papiers remarquables par la blancheur et la pureté des pâtes employées pour leur composition.

M. C. Oberthur, graveur-lithographe, à Rennes (*Ille-et-Vilaine*).

M. Oberthur, digne successeur de la maison Landais-Oberthur, a exposé des échantillons de divers genres d'impression sur pierre : *Lithographie à la plume*, pour travaux courants du commerce ; *autographie*, pour avertissements, livres à souches d'un prix très réduit ; *typolithographie*, ou report sur pierre de compositions faites avec des caractères mobiles, pour travaux dans lesquels les vignettes se trouvent mêlées au texte ; *lithographie au crayon* (portraits et paysages); *chromolithographie* ou lithographie en couleurs, pour la reproduction des armoiries, des vitraux peints, des titres illustrés ; *gravure sur pierre*, importée d'Allemagne dans nos pays par M. Oberthur, genre bien supérieur à la lithographie à la plume, rivalisant en netteté avec la gravure sur cuivre, et permettant de livrer très promptement et à des prix très modérés, des cartes de visite, des lettres de faire part, des factures, etc. Enfin M. Oberthur a exposé des épreuves de gravure sur métaux et des cartes géographiques du département d'Ille-et-Vilaine. Tous ces divers travaux qui se distinguent par une netteté et un fini parfait dans le dessin, ont mérité à M. Oberthur, une médaille d'argent grand module.

Médailles d'argent.

MM. Herment frères, fabricants de papiers peints, à Rennes (*Ille-et-Vilaine*).

La fabrication de M. Herment est la seule importante de nos pays; leurs papiers peints, dont de magnifiques échantillons figuraient à l'Exposition, se distinguent par la beauté du dessin et des couleurs et méritent la médaille d'argent que le jury lui a décernée.

M. Edouard Morice, imprimeur-lithographe, à Laval.

Différents genres de travaux lithographiques, d'une belle exécution : Billets façon teintée, vignettes, plans, reports de lithographie, reports de gravure sur acier, circulaires à deux teintes rehaussées de blanc, adresses, tableaux de comptabilité, etc. Ces travaux ont mérité à l'exposant une médaille d'argent.

MM. Cosnier et Lachèse, imprimeurs, à Angers (*Maine-et-Loire*).

Les *OEuvres complètes du Roi René,* quatre volumes. Magnifique travail typographique qui a déjà valu à MM. Cosnier et Lachèse, une médaille.

Médaille de bronze.

M. Buffet, relieur, à Laval, Grand'Rue.

Deux registres à dos brisé, d'une bonne confection. M. Buffet est le premier qui ait fait à Laval, d'une manière convenable, ces registres que l'on faisait venir de Paris.

Mentions honorables.

M. Le Pelletier fils, fabricant de cartes à jouer, à Laval, rue des Orfèvres, N° 7.

M. Le Pelletier a exposé des figures de cartes superfines à sept couleurs, qui se distinguent par un bon collage dû à un procédé particulier de M. Le Pelletier. Ses fonds de cartes marbrés à diverses couleurs, obtenus aussi par un procédé propre à cet exposant, sont remarquables. Les cartes marbrées foncées n'ont aucun transparent à la lumière.

M. Genouël, relieur, à Laval, rue de Chapelle.

Cinq volumes richement reliés.

5e Classe. — *Broderies, passementerie et confection.*

Médaille d'or.

Mlle Foulquié et Cie, à Paris, rue Hauteville, N° 20.

Ouvrages brodés au filet, exécutés à Laval.

Ces ouvrages d'une richesse inouie, et d'une exécution irréprochable, se composent de châles, pointes, mitaines, volants de robes, ou filets de soie brodés, et ne laissent rien à désirer tant pour la perfection du dessin que pour la variété des couleurs. A l'Exposition de Londres elle a déjà obtenu une médaille.

Grande Médaille d'argent.

M. Auguste Lemoine, fils aîné, à Angers (*Maine-et-Loire*).

Bannière et pentes de dais en velours brodées or et argent, exécutées pour l'église de Bourgueil (*Indre-et-Loire*). Les dessins sont tirés de l'ornementation architecturale du XIIIe siècle, et sont d'une grande pureté. Il y a six espèces de broderies dans ces objets; et dans certaines parties, il y a des sculptures en fil et carton de 1 à 2 centimètres. La bannière était un des objets les plus brillants de l'Exposition.

Médailles d'argent.

M. Lardeux, négociant, rue du Val-de-Mayenne, à Laval.

Broderies au crochet sur tulle, d'une consommation considérable dans la Bretagne et la Normandie. Cette industrie établie dans la Mayenne par l'exposant et exploitée sur une grande échelle, mérite d'être encouragée et récompensée.

M. Barbot, passementier, rue des Orfèvres, à Laval.

Produits variés de passementeries d'une exécution parfaite.

Médaille de bronze.

Mlle Haton, Haute-Grand'Rue, à Laval.

Dessins de broderie de la composition de l'exposante et d'une bonne exécution.

Mentions honorables.

Mlle Clémentine Fouché, à Laval.

Une chemise brodée et piquée, d'un travail remarquable.

M. Oger, demeurant à Laval, rue Napoléon.

Confection et broderies.

Les Dames de Saint-Joseph de Laval.

Une nappe d'autel au filet, à maille ronde, fait à la main avec broderies au passé et en application, d'une exécution très remarquable.

Les Orphelines de Laval, à Avesnières.

Broderies bien faites.

Mme Lebreton-Coupel, marchande de modes, à Laval, rue Renaise.

Un tapis de table brodé au crochet.

Les Sœurs des Ecoles d'Ernée (*Mayenne*).

Chemises d'hommes.

Mlle Haquin, institutrice, à Laval.

Tableaux brodés en soie sur papier.

Les Orphelines d'Ernée (*Mayenne*).

Une aube brodée au crochet.

6e Classe. — *Corsets, perruques; vêtements confectionnés.*

Médailles de bronze.

Mlle Leneveu, corsetière, à Nantes.

Un corset en soie blanche. — Les corsets de Mlle Leneveu se distinguent et par leur élégance et ce qui n'est pas moins important par leurs qualités hygiéniques.

M. Beucher, coiffeur, à Laval, rue Napoléon.

Les perruques et toupets en cheveux implantés sur gaze, les dessins en cheveux, la pommade et le vinaigre de toilette de cet exposant lui ont mérité une médaille de bronze.

M. Blum, marchand tailleur, à Laval, rue Napoléon.

Vêtements confectionnés à des prix très modérés.

Mentions honorables.

Mme Vaultier, corsetière, à Rennes (*Ille-et-Vilaine*).

Deux corsets d'une coupe gracieuse et d'un travail bien fini.

Mme Pommier, corsetière, à Laval, Basse-Grand'-Rue.

Un corset en satin.

M. Dupuis, coiffeur, à Nantes.

Toupets et perruques implantés.

M. Bellanger, coiffeur, à Laval.

Une perruque.

M. Marchand, dentiste, à Laval, rue Neuve.

Rateliers et dents artificielles.

7e CLASSE. — *Substances alimentaires.*

Grande Médaille d'argent.

MM. A. et E. Pellier frères, au Mans (*Sarthe*).

Médaillés deux fois à Paris, mentionnés à l'Exposition universelle de Londres, MM. Pellier se présentent à notre Exposition avec une collection variée de conserves alimentaires, dont le jury a été à même d'apprécier la bonté et la parfaite qualité. Leurs pâtés de foie d'oie, leurs pâtés de gibier truffés, leurs sardines à l'huile, fabriquées à la Turballe (baie du Croisic), et leurs huîtres marinées, enfin leurs conserves végétales, d'une grande variété: (petits pois, haricots, artichauts, cèleri, champignons, truffes, etc.) et surtout l'importance et l'étendue du commerce de MM. Pellier méritent, à tous égards, la grande médaille d'argent que le jury a décernée à ces habiles industriels.

Médailles d'argent.

M. Fayon, rue du Faubourg de Nantes, et rue d'Orléans, N° 5, à Rennes (*Ille-et-Vilaine*).

Pâtes alimentaires, semoule, macaroni, vermicelle,

etc. Ces produits se distinguent par leur bonne qualité, leur saveur et leur goût délicat. Si ces pâtes ne sont point encore à la hauteur de celles fabriquées dans le Midi, elles valent les pâtes d'Italie; cependant les fabricants italiens ont l'avantage sur M. Fayon, d'avoir chez eux les blés propres à cette fabrication, tandis que M. Fayon est obligé de faire venir ces blés de très loin et à grands frais. La belle qualité de ses pâtes alimentaires, et le développement donné par lui à cette industrie dans nos pays, ont mérité à cet exposant une médaille d'argent.

MM. Gaillard et Cie, fabricants de chocolats, à Nantes (*Loire-Inférieure*).

Les chocolats exposés par **MM.** Gaillard, sont bien broyés, fermes, brillants, et d'une bonne qualité. Leur bon marché a frappé le jury. Ils ont exposé en outre de la poudre de chocolat renfermée dans des flacons de verre, et qui dans cette enveloppe peut résister à toutes les intempéries de l'air. **MM.** Gaillard espèrent que cette poudre pourra être très utile dans la marine, qui jusqu'à présent avait été privée de cette substance si agréable et si prompte à préparer.

M. Combier-Destres, distillateur, à Saumur (*Maine-et-Loire*).

Le jury a décerné une médaille d'argent à M. Combier, pour ses liqueurs fines (imitations de Hollande et d'Italie); il a remarqué surtout son curaçao, son maraschino et sa liqueur hygiénique, dite élixir de Raspail; ses sirops, et ses prunes à l'eau-de-vie, confectionnées avec les Reines-Claude des bords de la Loire, méritent de grands éloges.

Médailles de bronze.

M. Priou, fabricant de chocolats, à Angers, rue Baudrière, N° 55 (*Maine-et-Loire*).

Le jury a décerné une médaille de bronze à M. Priou, pour ses chocolats et surtout pour ses chocolats ferrugineux. Ce fabricant est parvenu à faire entrer jusqu'à 58 grammes de sous-carbonate de fer dans un 1/2 kilog. de son chocolat, tout en lui conservant un goût agréable. La modicité du prix de ses chocolats ferrugineux N° 2, qu'il met ainsi à la portée de toutes les classes, et qui dans certains cas sont d'une si grande utilité, a été prise en considération par le jury.

M. Besnier, fabricant de chocolats, au Mans (*Sarthe*).

Chocolats bien préparés et d'un goût agréable.

Mentions honorables.

MM. Leconteur et Devillers, rue de Rohan, 4, à Rennes (*Ille-et-Vilaine*).

Conserves alimentaires végétales et animales : asperges, perdreaux à la Périgueux, etc.

Mme Ve Amouroux, propriétaire, à Saumur (*Maine-et-Loire*).

Echantillons de vins de Champigny.

8e Classe. — *Cires, bougies et huiles.*

Médaille d'argent.

M. Granger-Genesley, cirier, place du Palais, à Laval.

Fabrication importante de cierges et de bougies stéariques d'une qualité supérieure.

Médaille de bronze.

M. Letarouilly, cirier, à Rennes (*Ille-et-Vilaine*).

Echantillons de bougies et de cires d'une bonne qualité.

M. Greslier aîné, de Nantes (*Loire-Inférieure*).

Sa fabrication d'huiles de colza épurées et d'huiles de lin, ainsi que ses tourteaux de lin et de colza pour engrais de bestiaux, ont attiré d'une manière toute spéciale l'attention du jury et méritent de grands éloges.

Mentions honorables.

M. Richard, cirier, à Château-Gontier (*Mayenne*).

Cierges bien faits.

M. Allard, cirier, à Laval, Basse-Grand'Rue.

Cierges et bougies stéariques.

M. Pellier, fabricant de chandelles, place Notre-Dame, à Laval.

Bougies et chandelles d'une bonne qualité.

9e Classe. — *Industries diverses.*

Médailles d'argent.

M. Charles Lory, naturaliste, place de Hercé, à Laval.

Une collection d'oiseaux et de quadrupèdes du pays, empaillés avec une rare perfection.

M. Martinet, cordier, à Château-Gontier (*Mayenne*).

Câbles en chanvre et en laiton, et cordages sans bouts.

M. Renous, à la Flèche (*Sarthe*).

Fabrication de résine, colophane et essence de térébenthine. — Cette industrie qui n'est établie à la Flèche que depuis deux ans, a déjà pris de grands développements.

M. Baligaud, amidonnier, au Mans (*Sarthe*).

Divers produits d'amidons marrons séchés à l'air libre et faits de pure fécule de froment ; amidons ordinaires et fécules de pommes de terre (récolte 1852), d'une blancheur et d'une qualité parfaites.

MM. Leclerc frères, à Fougères (*Ille-et-Vilaine*).

Produits divers de leur verrerie de Fougères. — Cet établissement important fournit de verres communs une grande partie de la Bretagne et du Maine.

M. Naboulet, à Sablé (*Sarthe*).

Savons blancs, marbrés, et noirs en pains, à des prix très modérés et d'une excellente qualité.

M. Julien Jan, fabricant de jouets d'enfants, rue Vasselot, N° 50, à Rennes (*Ille-et-Vilaine*).

Ce fabricant a exposé divers échantillons de ses produits : des chèvres, des chevaux bridés à demeure ou à débrider ; des chiens, des bœufs, les uns à poil, les autres peints, qui tous faisaient l'admiration des enfants. Quelque futiles que puissent sembler ces objets, le jury a cru devoir récompenser par une médaille d'argent, la rare perfection avec laquelle ils sont exécutés, et l'importance de la fabrication de M. Jan. Tous ces objets sont inventés, façonnés, recouverts de peaux, peints, dans les ateliers de M. Jan, qui fabrique même les couleurs dont il se sert.

Médailles de bronze.

Mlles Sarazain, rue du Pin-Doré, à Laval.

Une corbeille de fleurs artificielles d'une imitation et d'un travail parfaits.

M. Crétal, fabricant de pipes, à Rennes (*Ille-et-Vilaine*).

Une collection de pipes. — Les produits de la fabrique de M. Crétal sont très appréciés dans les départements de l'Ouest et fournissent en grande partie à leur consommation.

MM. les Trappistes du Port-du-Salut, à Entrammes, près Laval.

Echantillons de fromages d'une qualité parfaite.

M. Hureau, à Angers (*Maine-et-Loire*).

Un sommier élastique d'une confection remarquable et d'un prix modéré.

Mentions honorables.

M. Deschamps, naturaliste-amateur, à Laval.

Collection d'oiseaux empaillés et deux vitrines d'objets divers d'un joli travail.

Mlle Legrand, rue des Serruriers, à Laval.
Fleurs artificielles.

Mlle Delisle, rue du Pin-Doré, à Laval.
Une vitrine de fleurs artificielles.

M. Lambert, couvreur, à Mayenne.
Un lustre en ardoises découpées avec une légèreté et une habileté remarquables.

M. Levêque, à Nantes *(Loire-Inférieure)*.
Pains d'autel.

M. Froger, à Laval, rue Saint-Michel.
Oiseaux empaillés.

M. Basile Letessier, à Laval.
Paillassons et nattes en jonc du pays.

Ve SECTION.

Rapport de la Section des beaux-arts et des industries qui s'y rattachent, par M. JULES LEFIZELIER.

Cette Section comprend la peinture et le dessin, la sculpture et la ciselure, l'architecture, les arts céramiques, les vitraux peints, la luthérie, l'orfèvrerie, la marbrerie et les encadrements.

Lorsque cette Exposition qui a surpassé nos vœux et nos espérances n'était encore qu'un projet regardé par l'indifférence générale comme irréalisable à Laval, il fut question d'adjoindre à l'exhibition industrielle une Exposition artistique. Cela parut tout d'abord impossible. On feignait de croire que le département ne possédait pas d'artistes. On oubliait sans doute que Charles Landelle était né à Laval, que Louis Coignard était né à Mayenne. On ignorait le talent de M. Hippolyte Beauvais que la *vie de saint Bernard* allait révéler.

Qu'est-il arrivé cependant? Grâce à la volonté ferme et énergique des organisateurs de l'Exposition, l'indifférence publique a été vaincue. A leur demande, Coignard et Landelle ont répondu par l'envoi de ces tableaux qui pendant un mois ont fait l'admiration de la foule. Une pléiade d'artistes et d'amateurs de Laval et des départements limitrophes, est venue à la suite de ces maîtres. La ville de Rennes, avec un zèle qu'on ne saurait trop louer, et je suis heureux d'être ici l'interprète de la gratitude de mes concitoyens envers leur noble voisine bretonne, s'est fait représenter par tous ses artistes, son statuaire Barré en tête. Des tableaux signés des beaux noms de la peinture moderne : Diaz, Isabey, Lepoitevin, Ciceri, etc., ont été envoyés de Paris, et au milieu de cette Exposition si remarquable d'ailleurs pour une Exposition de province, la partie des beaux-arts s'est trouvée une des plus belles et des plus complètes.

Les objets d'art soumis à l'examen de la Ve Section forment 300 numéros du Catalogue et ont été envoyés par 97 exposants. Quarante-six récompenses leur ont été accordées, savoir :

5 vases de Sèvres ;
3 médailles d'or ;
5 médailles d'argent, grand module ;
15 médailles d'argent, petit module ;
8 médailles de bronze ;
14 mentions honorables ou citations favorables.

1re Classe. — *Peinture et dessin.*

Le jury n'a pas cru pouvoir mieux témoigner son admiration pour le talent de MM. Charles Landelle et Louis Coignard, qu'en décernant à chacun d'eux un des vases de Sèvres envoyés par le Gouvernement, et que la commission générale est convenue de considérer comme les premières récompenses.

Récompenses hors ligne.

M. Charles Landelle, né à Laval, demeurant à Paris, rue Pigale, N° 77.

Il nous est impossible dans les limites de ce rapport d'apprécier convenablement le talent si élevé, si sympathique de M. Charles Landelle. Nous eussions voulu d'abord montrer en lui le peintre religieux, ne cherchant pas dans les textes tel ou tel épisode pour le représenter, mais s'attachant plutôt aux sentiments intimes du Catholicisme; négligeant le côté divin, mystique, le côté légendaire, pour ne voir que le côté moral et humain. Disons seulement que si la peinture comme les autres arts est l'expression vraie des idées du temps où elle se produit, Landelle, avec son catholicisme tendre, rêveur, s'occupant moins des dogmes, des faits merveilleux que des passions et des sentiments, nous paraît le véritable peintre religieux de notre époque. — Nous eussions aimé à faire voir à quelle école il se rattache le plus intimement, à indiquer les maîtres anciens et modernes qu'il semble avoir étudiés de préférence; ce qu'il doit, par exemple, à Ingres, à Ary Scheffer, et ce qu'il ne doit qu'à lui-même. Il eût fallu avant tout le montrer n'adoptant pas de système exclusif, n'en poussant aucun à l'extrême, et restant par cette sage modération plus à la portée du public. Enfin nous eussions aimé à étudier en lui le peintre de portraits, et surtout de portraits de femme, dans lesquels il excelle. C'est là, en effet, que se développent en pleine liberté ses qualités les plus heureuses : La grâce, l'élégance, la distinction exquise, la douce mélancolie, et cette puissance singulière d'idéaliser les types qu'il a sous les yeux, tout en conservant leur ressemblance....

Ne parlons que des tableaux envoyés par lui à notre Exposition : *Le pardon de saint Pierre* et *les deux Béatitudes*.

Le pardon de saint Pierre fait partie d'une sorte de trilogie sacrée renfermant trois tableaux composés chacun de trois personnages, et dans laquelle Charles Landelle a représenté l'histoire synthétique de Jésus-Christ. Dans le premier tableau, les trois mages vont, conduits par l'étoile mystérieuse, adorer le Dieu qui vient de naître dans une étable ; le second, celui-là même dont Landelle nous a envoyé la réduction sous le titre du *pardon de saint Pierre*, montre Jésus entre ses deux grands disciples, dont chacun symbolise l'une des deux puissances qui vont conquérir le monde: Pierre le rude pêcheur : la force, l'indomptable énergie au milieu des persécutions ; Jean : l'amour, la charité. Le troisième tableau enfin représente les trois saintes femmes se rendant au Sépulcre.

Le pardon de saint Pierre, est à nos yeux un chef-d'œuvre. Le Christ, vêtu d'une longue robe blanche qui tombe sans plis jusqu'aux pieds, debout dans une pose un peu raide, un peu archaïque, a une lumineuse et suave figure dont le rayonnement illumine tout le tableau. La tête de saint Jean qui s'appuie sur l'épaule de son divin maître, sort du type consacré par la tradition iconographique ; mais cette tête est si merveilleuse de candeur, d'amour et d'angélique beauté, que personne n'oserait en faire un crime à l'artiste. Derrière le groupe s'étend à l'infini une mer d'azur qui jette une teinte de rêverie sur toute la scène.

Bienheureux ceux qui pleurent parce qu'ils seront consolés. Landelle a réuni dans ce tableau la douleur ineffable de la mère qui pleure sur le berceau vide de son enfant ; la douleur physique sous les traits d'un mendiant aveugle ; la douleur qui suit une première faute, ou la première illusion perdue sous les traits de cette jeune fille qui se cache en pleurant dans le sein de sa mère. Cependant, un ange descendu du Ciel, à la chevelure blonde comme l'or dans la fournaise, apporte à ces malheureux les paroles consolatrices, et il semble déjà que sa présence a répandu une sérénité céleste sur toutes ces infortunes. La tête de la mère qui pleure appuyée sur le berceau est admirable. La douleur, les larmes n'ôtent rien ici à la beauté et à l'harmonie des lignes.

Bienheureux ceux qui ont le cœur pur, parce qu'ils verront Dieu. C'est-à-dire bienheureux ceux qui ont la foi, bienheureux les simples d'esprit que ne dévorent pas les orgueilleuses préoccupations du doute et du scepticisme. La foi aveugle de la vieille femme, la foi ardente du religieux, allumée et surexcitée dans les solitudes du cloître, la foi naïve de la jeune fille qui baisse les yeux en priant, la foi plus réfléchie de sa compagne que le doute vient déjà peut-être assaillir, telles sont les idées que Landelle a symbolisées avec bonheur dans ce dernier tableau.

Le groupe des deux jeunes filles, qui est le centre et la partie importante du tableau, est ravissant. On ne sait où Landelle va chercher ces types charmants de grâce, de délicatesse, si éloignés des types de la beauté antique, si modernes et pourtant si parfaits.

Nous n'avons qu'imparfaitement exprimé l'admiration du jury pour le talent de notre illustre compatriote ; mais que M. Landelle le sache bien, Laval n'oubliera jamais le souvenir des douces jouissances que ses œuvres ont procurées à tous ceux dont le cœur tressaille au contact du beau ; et Laval sera toujours fière de le proclamer son enfant.

M. Louis Coignard, né à Mayenne, demeurant à Paris, rue Laval, N° 17.

Si Laval peut se glorifier de compter Landelle au nombre de ses enfants, Mayenne peut s'énorgueillir de Louis Coignard au même titre. Aussi bienveillant que Landelle, il a voulu comme lui contribuer à l'éclat de notre Exposition naissante, en y envoyant deux tableaux.

Après avoir, comme tant d'autres, cherché longtemps le genre propre à son esprit, à son génie particulier, Coignard a fini par le découvrir dans les animaux, et particulièrement dans les vaches. Personne mieux que lui ne sait poser dans un paysage ces bêtes ruminantes, le cou allongé, les pieds cachés dans les hautes herbes ; personne mieux que lui ne sait rendre l'expression si profondément rêveuse du regard de la vache, de cet œil auquel le divin Homère ne craignait pas de comparer celui de la belle Junon. Avec Rosa Bonheur et Brascassat, Coignard tient le premier rang parmi les peintres d'animaux de notre époque.

Elève de Diaz, il procède de ce peintre affolé de lumière et de soleil, mais avec moins de fougue, et aussi avec plus de naturel et de vérité.

Son tableau, intitulé *vaches et moutons* nous montre une jeune et fraîche paysanne qui trait ses vaches ; les animaux qui forment le premier plan sont tout le tableau ; le paysage n'est là que l'accessoire. Cependant les lointains représentant de verdoyantes prairies, entrecoupées de bouquets d'arbres, sont très remarquables, et rappellent par la placidité et la limpidité des teintes les lointains des maîtres flamands. Ils sont traités, ainsi que tout le paysage, dans un ton uniformément vert mais sans crudité, qui annonce que l'on est à l'époque *du renouveau*, à ce moment de l'année où le soleil n'a point encore jauni les frondes des arbres et où l'été n'a point encore secoué la poussière sur les campagnes desséchées.

Les vaches sont traitées avec ce naturel, cette vérité qui sont le caractère du talent de M. Louis Coignard. On pourrait peut-être reprocher un peu de léché, quelque chose de trop fini, de trop travaillé dans la robe des animaux.

Le second tableau, *le pâtis*, nous semble plus remarquable encore. C'est une de ces landes communales, sans délimitation, où les troupeaux paissent en liberté. Une lumière blanche et tamisée par les vapeurs de l'aube, baigne toute la nature, et allonge l'ombre des vaches qui paissent l'herbe humide de rosée ; les collines des lointains sont encore plongées dans les brumes matinales. Sur ce fond blanchâtre se decoupe vigoureusement la silhouette noire des arbres et des chaumières aux cheminées fumantes, que le soleil n'éclaire point encore. Coignard a rendu avec un grand bonheur ce moment si placide de la journée. Les animaux sont groupés dans mille poses variées.

Puissent nos éloges, expression sincère des sentiments de tous nos concitoyens, payer faiblement notre gratitude et notre reconnaissance envers M. Coignard !

§ I. — *Peinture d'histoire et de genre.*

M. Jobbé-Duval (Félix), né à Carhaix et demeurant à Paris, n'a pu prendre part au concours, puisqu'il n'appartient à aucun des départements associés. Le jury regrette de ne pouvoir témoigner que par quelques mots d'éloges, son admiration pour son tableau de *l'hiver*, symbolisé sous les traits d'une *bohémienne en haillons, entourée de ses enfants et égarée au milieu d'une plaine froide et nue.* C'était sans contredit un des plus beaux tableaux de l'Exposition.

En peignant cette misère, M. Jobbé-Duval n'a point oublié la condition suprême de l'art qui est d'ennoblir tout ce qu'il touche, soit par l'excellence des formes, soit par la magie de la couleur. — A cette condition, Rembrandt et bien d'autres sont là pour l'attester, l'artiste peut représenter la mendiante aussi bien que les princesses et les infantes, les haillons de la misère aussi noblement que les satins brochés d'or.

Le dessin du tableau de M. Duval est vigoureux, plein de grandeur et de style dans son exagération. Des traits fortement accentués découpent les contours, comme dans les grandes peintures murales. La tête de l'enfant de gauche, à la chevelure noire et inculte, est fort belle. La touche de ce peintre, énergique, brutale même quelquefois, convenait à un pareil sujet. Les figures et certaines parties du tableau sont très travaillées, et sans doute pour les mieux faire ressortir, les vêtements n'ont d'autre coloris qu'un simple frottis qui recouvre à peine la toile et en laisse voir tout le grenu. On peut craindre seulement qu'une couleur si peu épaisse ne puisse résister à l'action du temps.

Le tableau exposé par M. Jobbé-Duval indique, ce que tout le monde sait d'ailleurs, un artiste plein de sève, de verdeur et d'avenir.

Médaille d'or.

M. Hippolyte Beauvais, né à Laval, peintre.

Je ne sache pas qu'il puisse arriver une meilleure fortune à un jeune artiste, que de rencontrer un ensemble de travaux sérieux à exécuter, en dehors de toutes les frivolités, de toutes les exigences de la mode ou de la fantaisie du moment. Doublement heureux, si ces travaux sourient à son imagination, rentrent dans son genre de talent.

M. Hippolyte Beauvais a eu cette bonne fortune, le jour où les Trappistes du Port-du-Salut, près Laval, lui ont commandé de représenter dans vingt-deux grands dessins *la vie de saint Bernard*, le fondateur de leur ordre. Honneur à ces religieux qui ont compris qu'un œuvre d'art ne déparerait pas la pauvreté et l'austérité de leur monastère. Honneur au jeune artiste qui a si bien rendu leur pensée et a su l'exprimer d'une manière si remarquable.

Cette *vie de saint Bernard* était sans contredit l'œuvre d'art la plus considérable de l'Exposition. Ce qu'il a fallu de puissance d'imagination, de travail suivi, d'études consciencieuses, d'heureuse facilité pour réaliser une œuvre aussi longue et aussi difficile, est impossible à dire. Un dessin correct et châtié surtout dans les derniers tableaux, des types heureux et jamais vulgaires, des scènes admirablement conçues, une inépuisable fécondité de poses et de formes dans des sujets où il était si facile de tomber dans la monotonie, et par dessus tout, une idée qui se poursuit, se continue, quelque chose de réservé, d'austère, de religieux, telles sont les qualités très sérieuses qui nous ont frappé dans cette *vie de saint Bernard.* Nous ne pouvons que répéter ce que nous disions ailleurs de M. Beauvais : « Il a fait ce qu'il avait de mieux à faire. Il est allé au couvent de la Trappe, vivre des jours, des semaines entières de la vie des moines, mangeant avec eux, assistant à leurs offices de jour et de nuit. Il lui en est resté une certaine austérité, une sorte de froideur du cloître, qui se sont reflétées dans ses dessins et dont son œuvre s'est toute entière imprégnée. »

Il nous est impossible de parler en détail des vingt-deux tableaux qui composent la *vie de saint Bernard.* Nous citerons seulement *l'arrivée à Citeaux*, *la prise d'habit*, *les pains de Sarlat*, *la prédication de la 2e Croisade*, *la Croisade justifiée*, *la mort de saint Bernard*, qui méritent les plus grands éloges, et auxquels la critique la plus sévère trouverait peu de choses à reprendre.

Mû par un sentiment patriotique, M. Beauvais a exposé une grande toile représentant cette *Béatrix de Gavres*, en l'honneur de laquelle une brillante cavalcade développait au mois de septembre, ses longues *théories*, au milieu de nos populations émerveillées. Il l'a représentée assise au milieu d'une salle gothique tendue d'une tapisserie à personnages dans le goût de de la fameuse tapisserie de Bayeux, éclairée par un jour tamisé qui pénètre au travers d'une verrière aux armes des seigneurs de Laval, Béatrix tient d'une main la navette, et montre de l'autre une pièce de ces toiles qu'elle a appris aux habitants de Laval à fabriquer et à blanchir. La pose est simple, majestueuse, et sauf quelques incorrections le dessin fort remarquable. Quant à la couleur, nous ne ferons point à M. Beauvais un reproche d'avoir adopté tel système plutôt que tel autre; nous ne le blâmerons pas de se préoccuper de la composition et de la sévérité du dessin plus que de l'éclat et du brillant du coloris. Que chacun suive la pente de sa nature, et qu'avant tout l'artiste reste lui-même. Seulement nous l'engageons à ne pas exagérer son système, à ne pas pousser la sobriété dans la couleur jusqu'à la négation.

M. Beauvais avait exposé aussi un portrait de fantaisie qui montre qu'il sait tirer de sa palette des couleurs plus brillantes quand il veut s'en donner la peine.

Médailles d'argent.

1° M. Lucien de Latouche, né à Mayenne.

M. de Latouche déjà connu par des tableaux que la lithographie a popularisés dans nos pays, vient à notre Exposition avec quatre toiles, de genres très différents : *L'aumône à la porte d'un couvent de Trappistes*, *L'appel pour le tribunal révolutionnaire*, *Les saltimbanques*, et *Le nouveau décoré*. Ces tableaux se distinguent moins par l'exécution que par la pensée, que par l'idée qui a présidé à leur confection, et comme cette idée est toujours heureuse et souvent dramatique, les toiles de M. de Latouche ont le privilège de saisir et d'arrêter au passage le regard et l'attention du spectateur.

L'appel des condamnés, quoique le plus important par la dimension, n'est pas celui qui nous plaît le plus; il y a cependant de la vie et de la douleur dans ces étreintes suprêmes des prisonniers qui se séparent pour aller à l'échafaud. Nous aimons mieux *L'aumône à la porte d'un couvent*. Le groupe de l'enfant et de la jeune fille qui reçoivent le pain des mains d'un trappiste, est charmant et plein de vérité.

Le tableau des *saltimbanques* montre dans tout son jour ce bonheur de conception dramatique que possède M. de Latouche. On est ému à la vue du famélique paillasse partageant entre ses deux petits enfants son dernier morceau de pain, et sa blême figure reste gravée dans la mémoire.

Vous étiez ému tout à l'heure, voilà pour vous faire rire aux larmes. *Le nouveau décoré*, le meilleur tableau de M. de Latouche pour la couleur, est une petite toile dans le goût de Biard. Quoique nous n'aimions pas la charge en peinture, et que nous pensions que le crayon convienne seul à ces sortes de choses, nous ne pouvons méconnaître dans le tableau de M. Latouche, une véritable verve, et de l'esprit jusqu'au bout du pinceau. Voyez ce gros bourgeois, capitaine de la garde nationale, que le *gouvernement* vient de décorer de l'*Etoile des braves*. Il se pavane devant l'armoire à glace de sa femme, il se rengorge dans son col de crinoline, il fait majestueusement rebondir son ventre *cucurbitaciforme*, et semble dire, parodiant le mot de Joseph Prudhomme : *Cette croix est le plus beau jour de ma vie !*

2° M. D'ARCY, peintre, à Rennes (*Ille-et-Vilaine*).

M. d'Arcy ne vise point à la composition dramatique. Le sujet n'est rien pour lui. La moindre chose, *un peintre à son chevalet, un vieil amateur feuilletant des cartons*, sont les sujets qu'il choisit de préférence. Mais il sait donner la vie à ces petits personnages moins grands que le doigt. Sa touche est ferme, son dessin net et fin. Ce que le jury croit surtout devoir récompenser, ce sont les nombreuses et charmantes aquarelles de M. d'Arcy. Il est impossible, avec ces pâles et fades couleurs à l'eau, d'arriver à une vigueur plus puissante. *L'intérieur de forge*, *l'attelage de chevaux sous la pluie*, et surtout *l'attaque d'un fort*, motiveraient à eux seuls la médaille d'argent que le jury lui a décernée. Cette dernière aquarelle surtout nous a frappé par sa truculence. C'est un fouillis de casques, de cuirasses, de casaques éclatantes, de croupes de chevaux que Decamps ne refuserait pas de signer.

3° Mme D'AMSINCK, de Rennes (*Ille-et-Vilaine*).

Beaucoup de délicatesse et de sentiment, sont les caractères distinctifs du talent de Mme d'Amsinck. Dans tous ses tableaux : *la gardeuse de moutons*, *les enfants de la plage*, etc., il y a je ne sais quoi de triste et de mélancolique qui leur donne un grand charme. L'exécution a du mérite, les personnages sont très heureusement posés. Nous engageons seulement Mme d'Amsinck à éviter certaines teintes violacées et indécises qui se retrouvent dans presque tous ses tableaux ; il faut de la franchise dans la couleur comme dans les formes.

4° M. MONANTEUIL, peintre, au Mans.

Il y a chez M. Monanteuil, une habileté incontestable, une longue habitude du pinceau, de la grâce (voir *le retour de la promenade*, *le repos de l'enfant*, etc.), et un sentiment très vif de la vérité qui arrive quelquefois jusqu'au réalisme le plus brutal. Et cela cependant n'est pas encore sans charme. Certes, il n'y a rien de beau, rien de plastique dans ses deux têtes de *vieillards* ; mais elles vivent ; vous avez rencontré certainement ces deux vieux époux appuyés l'un sur l'autre, cherchant un rayon de soleil. La tête d'étude, intitulée *l'ouvrier*, est plus remarquable encore. C'est bien là l'ouvrier irrité, affolé par la misère et les mauvaises passions.

Galathée est tout autre chose, c'est un petit sujet mythologique tout pimpant, une surprise de M. Monanteuil, pour nous faire voir qu'il peut réussir dans les genres les plus opposés, un simple prétexte pour exhiber au milieu d'une mer de bleu de cobalt, de jolies naïades vêtues de l'écume des flots, et de petits amours joufflus, fouettés de rose ; sur une montagne voisine un Dieu mythologique quelconque regarde tout ce petit monde d'un œil de convoitise.

Mention honorable.

M. DEUTCH, professeur de dessin à l'Ecole militaire de la Flèche (*Sarthe*).

Des scènes d'hôpitaux militaires.

§ II. — *Portrait.*

Contrairement à nos prévisions, les portraits étaient peu nombreux à notre Exposition. C'est cependant le côté par lequel l'art se rattache le plus à nos habitudes et à nos mœurs. Peu de personnes achètent des tableaux; mais nous voulons tous conserver l'image des personnes aimées dont l'absence ou la mort vont nous séparer. Le daguerréotype qui a rendu à d'autres points de vue de si éminents services aux arts du dessin, mais qui malgré tous ses perfectionnements ne donnera jamais qu'une ressemblance inintelligente et inanimée, a tué le portrait. C'est un malheur : le temps ne respectera pas ces plaques fragiles dont un souffle peut ternir l'image iodée, comme il a respecté les portraits des vieux maîtres, qui, mieux que les livres, nous font connaître la physionomie, les mœurs, la pensée des personnages qu'ils représentent.

Médailles d'argent.

Mme Rose de Léon, de Rennes (*Ille-et-Vilaine*).

M. Jules Planchet, de Rennes, peintre.

Mme de Léon a envoyé deux portraits remarquables : celui de M. de Fr.... et celui de Mlle de Fr...., belle jeune fille en robe de mousseline blanche, assise au milieu d'un paysage. La tête charmante se rattache aux épaules par une ligne heureuse. Le corps frêle et délicat ploie et se penche gracieusement en avant sous le poids de cette tête couronnée d'une forêt de cheveux noirs. La couleur est bonne et le dessin correct, les mains seulement laisseraient un peu à désirer.

M. Jules Planchet est un jeune artiste que Rennes, sa ville natale, a envoyé à ses frais étudier à Paris. Exemple que les villes feraient bien de suivre quelquefois. M. Planchet a exposé le portrait de son frère et son propre portrait. Dans ce dernier, la tête est fort belle, ainsi que la main qui la soutient. C'est d'une grande finesse de touche et d'un coloris très agréable à l'œil. Ce portrait remarquable malgré ses petites dimensions, figurait à la dernière Exposition de Paris, dans le salon d'honneur.

Mentions honorables.

M. Victor Mussard, peintre, à Rennes (*Ille-et-Vilaine*).

Son propre portrait, une tête d'étude, et un portrait au crayon de M. N...., prêtre.

Mlle Estelle de Barescut du Vernet, professeur de dessin, à Laval, rue Renaise, N° 14.

Le jury a remarqué parmi les nombreux envois de Mlle de Barescut, le portrait des enfants de M. D...., celui de Mme L. C.... et surtout celui d'une jeune fille vêtue de blanc et vue de dos, qui effeuille des roses; la pose est très gracieuse.

M. Briand, peintre à Rennes (*Ille-et-Vilaine*).

Divers portraits.

Citation favorable.

M. Cochon, de Mayenne.

Le jury croit devoir donner des encouragements à M. Cochon qui a exposé plusieurs portraits très ressemblants, dit-on, le sien d'abord, et celui de ce montreur de *fantoccini*, qui a été pour nous tous la joie de notre enfance avec ses naïves marionnettes.

§ III. — *Paysage.*

Médailles d'argent.

M. JULES D'EVRY, à Changé près Laval.

M. Jules d'Evry a exposé deux tableaux : *un effet de brouillard dans les Alpes*, *une vue de Venise*, et plusieurs dessins.

M. d'Evry est un amateur, c'est-à-dire qu'il a cette bonne fortune de pouvoir peindre quand bon lui semble, quand l'inspiration vient, quand il se sent disposé. De ses voyages en Suisse, en Italie, il a voulu rapporter des souvenirs, et ces souvenirs sont devenus des tableaux et des dessins remarquables.

L'*effet de brouillard dans les Alpes* dénote et une science véritable de l'entente et de la composition d'un paysage, et de plus un pinceau habile et exercé. Les montagnes neigeuses que des nuages traînants viennent couper, le brouillard qui s'élève du fond de la vallée sont très heureusement rendus. Les roches des premiers plans sont très grassement et très solidement traitées, la lumière est habilement distribuée ; en un mot, ce tableau ferait honneur à un artiste et montre que M. d'Evry a un sentiment très vrai et très vif de la nature.

La *vue de Venise*, malgré ses qualités, plaisait moins à la commission. Il semble que Antonio Canaletto qui a semé tous les Musées de l'Europe de ses vues de Venise, ait seul le monopole de ce soleil couchant au milieu d'une brume dorée, de ces palais de marbre, de ces maisons de briques, et de ces pieux enrubannés se réflétant dans les eaux des lagunes.

M. J.-B. Messager, professeur de dessin, à Laval, Grand'Rue.

M. Messager se préoccupe de conserver à la postérité l'aspect de notre vieux Laval, qui chaque jour disparaît, et dont bientôt peut-être, il ne restera plus trace. Ses tableaux, ses dessins, ses lavis ne sont que des reproductions de toutes les vieilleries architecturales de toutes les masures pittoresques de notre cité.

L'œuvre la plus importante de M. Messager à l'Exposition, est un grand paysage représentant le *Vieux-Pont*, prise du Grand-Port. Il y a un mérite réel dans cette toile : les baraques de bois de la rue de Rivière sont rendues avec un grand bonheur et ont acquis sous le pinceau de M. Messager les tons les plus ragoûtants. Les eaux qui les réflètent ont une belle transparence. M. Messager a une science toute particulière de l'empâtement et du frottis, et s'en sert avec un grand bonheur pour maçonner les vieilles murailles.

Ce qu'on pourrait seulement reprocher à ce tableau c'est le manque d'effet. Toutes les parties sont peut-être trop conformément travaillées ; il faut savoir négliger tels accessoires, pour mieux faire valoir et ressortir ce qui fait le centre et la partie principale du tableau.

Deux grands lavis représentant aussi des *rives de la Mayenne*, ont surtout frappé la commission. Là on ne peut méconnaître un effet bien compris et une vigueur et une netteté remarquables. On dirait de belles gravures à l'aqua-tinta. Ses autres dessins, sur lesquels les bornes de ce rapport ne nous permettent pas d'insister, dénotent un crayon très exercé, très sûr et très habile.

Mention honorable.

M. Aristide Paillard, de Rennes (*Ille-et-Vilaine*).

Des effets de brume, des effets de neige, des effets d'incendie, des effets de soleil de quatre heures, des effets de feu d'artifice, des effets de clair de lune, des effets de brouillard. Ce sont ces derniers que M. Paillard rend avec le plus de bonheur.

Le jury regrette de ne pouvoir témoigner que par quelques mots d'éloge, sa sympathie pour le talent de M. Edmond Castan qui avait envoyé deux charmants paysages, mais qui ne se trouvait pas dans les conditions voulues pour pouvoir prendre part au concours.

§ IV. — *Peinture et dessin d'ornementation.* — *Fleurs.*

Médaille d'argent.

M. Chomereau, professeur de dessin, à Laval, place des Arts.

Nous réunissons ici l'ensemble des travaux exposés par M. Chomereau, soit qu'ils appartiennent à la sculpture, soit qu'ils appartiennent au dessin ; travaux qui à tous égards méritent la médaille d'argent que leur a décernée le jury.

Les objets d'art que la commission a cru devoir récompenser dans l'exposition de M. Chomereau, sont : ses dessins pour encadrements des brevets de la Société de l'Industrie ; ses dessins des chars de la grande Cavalcade de septembre ; son dessin du cachet de la Société, gravé à timbre sec et à timbre humide, par M. Guérin, orfèvre à Laval ; son modèle en cire d'un coffret, et un autre modèle d'une fontaine en l'honneur de Béatrix de Gâvres.

Dans ces divers travaux, on reconnaît tout d'abord une science véritable de l'ornementation ; chose plus difficile qu'on pourrait le croire ; et si la composition générale, l'idée laissent quelquefois à désirer, cela est racheté du moins par une grande perfection de détail, et par un fini extraordinaire.

Les *encadrements des brevets de la Société*, quoique trop surchargés d'ornements, sont charmants et pleins d'élégance. Nous n'avons rien à dire des *dessins des chars de la Cavalcade.* Tout le monde a vu et a applaudi leurs brillantes réalisations. Nous dirons seulement que ces dessins montrent une netteté et une sûreté de crayon que tout le monde connaît à M. Chomereau. Ces qualités apparaissent également dans sa reproduction de la *statue d'Ambroise Paré.* C'est une belle et remarquable lithographie.

Le modèle du *coffret à bijoux* qui figurait à l'Exposition de Londres se distingue par son élégance, le travail considérable qu'il a exigé, et l'exquise perfection de détails. Nous sommes heureux d'apprendre que le jury de l'Exposition universelle a apprécié comme nous ce joli travail, et lui a accordé une médaille dont M. Chomereau doit bien être fier. Nous ne terminerons pas sans remercier M. Chomereau du zèle qu'en toute occasion il a montré pour la Société de l'Industrie, et de son bienveillant et précieux concours à nos fêtes du mois de septembre.

Médaille de bronze.

M. LACHAISE (CHARLES), rue des Capucines, N° 6, à la Flèche (*Sarthe*).

Un joli tableau représentant des *oiseaux morts suspendus sur un bas-relief en plâtre.* — Les *esquisses de décorations exécutées par l'auteur dans divers hôtels et châteaux*, indiquent chez M. Lachaise, un véritable savoir, un goût parfait pour ce genre de peinture, malheureusement trop peu répandu.

Mentions honorables.

Mme BELOEUF (FANNY), de la Flèche (*Sarthe*).

Fleurs et fruits.

M. CHARLES DUGASSEAU, rue Bruyère, 10, au Mans (*Sarthe*).

Nature morte.

Citation favorable.

M. SIGOIGNE, peintre-décorateur, à Laval.

Vase de fleurs et de fruits.

Le jury exprime le regret que M. AUGUSTE JOBBÉ-DUVAL n'ait pu prendre part au concours. Il avait exposé deux tableaux de fleurs, et un tableau de fleurs et de fruits, qui avaient un incontestable mérite.

Avant de quitter la peinture et le dessin, nous avons un devoir à remplir. Le jury de la 5e Section a été chargé par l'administration municipale de lui indiquer les tableaux de l'Exposition dont la ville de Laval pourrait faire l'acquisition pour son Musée naissant.

Le premier nom que l'on devait indiquer était celui de Landelle. Heureusement, M. le Ministre de l'Intérieur, sur notre demande, appréciant toute l'importance de notre Exposition, et voulant récompenser les sacrifices considérables faits par la ville de Laval, a acquis *les deux Béatitudes*, de Landelle, et les a données à notre Musée. C'est une bonne fortune que nous n'osions trop espérer. Pour les autres peintres nous indiquerons :

Le pâtis, de M. Coignard, ou un autre tableau que ce peintre voudrait bien faire à notre intention. M. Coignard doit être pour nous un compatriote, et ses œuvres figurer des premières dans notre Musée.

La *Béatrix de Gâvres*, de M. Beauvais, tableau remarquable et intéressant au point de vue de notre histoire.

La *grande vue de Laval*, de M. Messager, très intéressante comme souvenir de notre vieux Laval.

Les dessins des chars de la Cavalcade, de M. Chomereau, comme souvenirs de nos fêtes.

Enfin, le jury espère que, sur la demande qui lui en serait officiellement faite, M. d'Evry, amateur par position de fortune, mais artiste par le talent, ne refuserait pas de donner au Musée son beau tableau de l'*effet de brouillard dans les Alpes*.

2e Classe. — *Sculpture.*

Médaille d'or.

M. Barré, statuaire, à Rennes (*Ille-et-Vilaine*).

L'œuvre capitale de M. Barré à notre Exposition était une statue monumentale de *saint Jean*, qui placée au milieu de la Galerie du fond, frappait tout d'abord le regard du spectateur et l'attirait par ses grandes et belles proportions. L'artiste a voulu représenter saint Jean au moment où Jésus mourant sur la Croix dit à sa mère en lui montrant son disciple bien-aimé: Voilà maintenant votre fils: *Ecce filius tuus.* L'enthousiasme, le rayonnement intérieur qui illumine le jeune disciple appelé à de si grandes destinées, la douleur de voir mourir sur un gibet le maître sur l'épaule duquel il a si souvent reposé sa tête, tous ces sentiments si complexes, la statuaire devait rester impuissante à les rendre. La statuaire ne se prête pas à rendre toutes les idées et surtout des idées compliquées, ce qu'il lui faut avant tout, c'est une action simple, ce sont des formes admirables, une beauté sereine, que les passions ne viennent point troubler.

Si donc M. Barré n'a pas accompli tout le programme qu'il s'était imposé, c'est moins sa faute que la faute de son art. Du reste, la pose de saint Jean est noble, la tête fort belle d'expression, les mains soigneusement travaillées. Cette statue réalisée fera un bel effet dans l'église de Saint-Brieuc, à laquelle elle est destinée.

Le jury n'a que des éloges à donner aux statuettes et aux bustes du *Jésus flagellé* et de *la Madeleine au désert* dont les statues originales ornent l'église Saint-Nicolas de Nantes, et qui ont obtenu une grande récompense à un des derniers concours de Paris. Certes c'est là de la belle sculpture, bien entendue, comprise avec un sentiment véritable de l'art, et qui fait le plus grand honneur à M. Barré.

Ses bustes des poètes bretons, *Boulay-Paty* et *Turquety*, destinés au Musée de Rennes, sont très remarquables, ainsi que celui de M. *M. d'O...*, avocat au barreau de Rennes. Tout en conservant une ressemblance parfaite, M. Barré a su donner un grand style et une beauté plastique à ces têtes.

Médaille d'argent.

M. Pierre Gourdel, à Rennes (*Ille-et-Vilaine*).

Ses bustes du *docteur D....* et de M. *H....* (une véritable tête d'artiste), sont remarquables. Son esquisse de bas-relief (*La retraite de Moscou*), a un mérite incontestable, comme vie et mouvement ; enfin ses différents groupes en terre cuite (*La résignation*, *la charité*, *la méditation*, etc.) dénotent une imagination heureuse, et qui peut se prêter aux sujets les plus variés.

Mentions honorables.

M. Edouard Le Clerc, à Bel-Air, à Laval.

Animaux en plâtre et en terre cuite, très hardiment et très heureusement modelés.

M. Gourdier, vicaire à Méral (*Mayenne*).

Un Christ en bois de houx sculpté, remarquable.

Sculpture ornementale.

Médaille d'argent.

M. **Deschamps**, sculpteur, à Laval.

Un autel sculpté dans le genre du XIe siècle, et destiné à la chapelle de la prison de Laval. Cet autel construit en pierres dites de *rairie*, fait honneur et à l'architecte M. Renous qui en a donné l'idée et le dessin, et à M. Deschamps qui a très habilement et très artistement rendu cette idée. La face principale est ornée de six colonnes, et dans leurs entre-colonnements de cinq statues : la Vierge avec l'Enfant Jésus au milieu, et les quatre Evangélistes dans des poses d'une raideur et d'un style tout gothiques. Au-dessus se trouvent les quatre bêtes ailées et mystérieuses de l'Apocalypse, avec des figures férocement archaïques ; de gracieuses guirlandes et des entrelacements de feuillages complètent la décoration. Cet autel est un pastiche heureux qui dénote chez M. Deschamps un ciseau très habile, très exercé, et un artiste intelligent.

Mentions honorables.

M. E. **Gomelet**, de Vitré (*Ille-et-Vilaine*).

Un grand chandelier pascal, en bois sculpté, d'un joli travail.

M. **Groussard** (**Jean-Marie**), de Montaudin (*Mayenne*).

Un reliquaire en bois sculpté, très remarquable, surtout lorsque l'on sait que le jeune Groussard, habitant un bourg retiré, n'a aucun exemple sous les yeux, et n'a jamais reçu aucune leçon de dessin et de sculpture. — Le jury est heureux de lui accorder un encouragement.

3e Classe. — *Architecture.*

La commission a vivement regretté qu'aucun plan d'architecture n'ait figuré à l'Exposition. Elle eût désiré y voir quelques plans d'établissements d'utilité publique, de musées, de gares, d'abattoirs, de marchés, etc., etc. Elle eût surtout aimé, qu'on eût soumis à son appréciation, des modèles de maisons modernes, d'habitations particulières, unissant à l'élégance et à la beauté tout le confort, toutes les convenances que nos mœurs et nos habitudes réclament; quelques essais de cette architecture moderne, ayant son caractère à part, et répondant à nos besoins et à nos idées.

Vase de Sèvres.

M. Renous, architecte-voyer, à Laval, rue des Tuyaux.

Le jury a pensé qu'une récompense hors ligne devait être accordée à M. Renous, l'habile architecte de nos Galeries. Il faut le dire, si le coup-d'œil de notre Exposition était si satisfaisant, c'était en partie au local que l'honneur en revient. Il n'est personne qui n'ait admiré la sage ordonnance de l'ensemble, les belles proportions de la grande nef du milieu avec ses nefs latérales. Et cependant on ne voyait qu'une ébauche, qu'une carcasse, pour ainsi dire; car dans le projet de l'architecte une décoration complète doit couvrir ces lattis, ces piliers en bois, faire un véritable Palais de l'Industrie. La commission émet des vœux énergiques pour que cette décoration s'achève pour la prochaine Exposition.

La surveillance des travaux de ces Galeries élevées en quelques mois, les décorations et les préparatifs de nos grandes fêtes du mois de septembre, ont empêché sans doute M. Renous d'exposer quelques plans de ces riches habitations, de ces châteaux à tourelles, comme il en a semé quelques-uns sur les verdoyantes collines de notre département. C'est un malheur. C'eût été de nouvelles œuvres d'élégance et d'habileté que le jury eût été heureux d'avoir à apprécier.

4e Classe. — *Vitraux peints.*

S'il est un art qui contribue puissamment à la beauté et à l'effet religieux des monuments de notre culte, c'est, sans aucun doute, l'art des vitraux peints.

Cet art, dans son enfance, consista uniquement dans la juxta-position plus ou moins habile de verres de diverses couleurs, enchâssés dans des plombs. Des traits noirs et grossiers indiquaient seuls les contours des têtes et des draperies; mais peu à peu l'art des verriers se développa, le dessin devint plus pur et plus correct; on s'attacha mieux à indiquer les ombres, et il nous est resté de cette grande époque de l'architecture catholique, qu'on a désignée sous le nom de style ogival flamboyant, des verrières qui feront l'admiration de tous les âges par l'indicible éclat de leurs couleurs. — Au xve et au xvie siècles, à l'époque de la renaissance, au moment où les artistes abandonnaient, dans toutes les branches, les traditions de l'art catholique, on laissa les mosaïques de verres de couleurs qu'on avait seules employées jusqu'ici, et on adopta exclusivement les verres blancs sur lesquels on traçait des dessins rehaussés de quelques couleurs. Si le dessin y gagna en pureté et en perfection sous la main des artistes habiles de cette époque, la couleur y perdit beaucoup en richesse et en éclat. Il appartenait à notre siècle de réunir les deux genres, de les employer ensemble en les perfectionnant. Grâce aux découvertes nouvelles de la chimie, on peut maintenant appliquer sur le verre blanc des couleurs plus nombreuses et plus brillantes que celles employées jadis. En même temps on est revenu aux anciens verres de couleur si éclatants et si vifs, pour les vêtements, les encadrements, les accessoires. L'on est parvenu ainsi à obtenir des peintures sur verre, qui par la perfection du dessin approchent de la peinture à l'huile, et la surpassent par la richesse des couleurs, et par leur inaltérable éclat.

Deux fabricants de vitraux peints, M. Fialeix, du Mans, et MM. Thierry, d'Angers, sont en présence à notre Exposition. De plus, M. Badault, peintre-vitrier, à Laval, a exposé une croisée en mosaïque de verres de diverses couleurs, arrangés et ajustés avec goût.

Grande Médaille d'argent.

M. Fialeix, au Mans. — Ateliers au Mans et à Mayet (*Sarthe*).

La manufacture de M. Fialeix est la première qui ait été fondée dans les départements de l'Ouest. Médaillé déjà à Paris et dans plusieurs Expositions de province, M. Fialeix vient à la nôtre, avec divers vitraux de style et de procédé différents.

Son imitation d'une verrière du XIIe siècle (*l'Arbre de Jessé*) mériterait seule la grande médaille que le jury lui a décernée. On dirait que les siècles ont passé sur cette verrière sortie hier des mains de l'ouvrier, et y ont mis les taches noires, les altérations et les éraillements de la vétusté. Le procédé nouveau de M. Fialeix est d'une grande utilité pour remplacer les parties brisées des anciennes verrières de nos cathédrales.

La verrière pour salon montre l'emploi que l'on peut faire des vitraux peints pour la décoration des appartements modernes. Les petites figures du milieu ont été enlevées sur verre rouge dont la surface a été réservée en partie, et le reste, devant servir au dessin, a été complètement mis en blanc. Ce procédé aussi difficile que dangereux consiste à placer sur les parties que l'on veut réserver en couleur, une couche grasse, et à étendre sur celles que l'on veut mettre à blanc un acide (l'acide hydrofluoridrique par exemple), qui ronge la couleur et laisse le verre blanc dans toute sa transparence.

L'Institution de l'Eucharistie d'après un dessin de M. Châtel a également frappé la commission, par la composition et la beauté des couleurs. M. Fialeix, dans cette verrière, a su mélanger habilement les verres de couleur traités par l'acide hydrofluoridrique pour les vêtements, et les verres blancs pour les têtes et les mains. Enfin, M. Fialeix a exposé divers essais d'impression sur verre. Ce sont des gravures décalquées et incorporées au verre par une seule cuisson. Ce genre bien moins brillant que les vitraux peints a le mérite d'être moins cher.

Médaille d'argent.

MM. Thierry, fabricants de vitraux peints, à Angers (*Maine-et-Loire*).

MM. Thierry, plusieurs fois médaillés comme M. Fialeix, ont exposé des panneaux de mosaïque dans le style du XIIIe siècle, d'un bel effet. C'est un assemblage très heureux de verres peints, et de verres de couleur, imitant parfaitement le faire des verriers du XIIIe siècle.

La commission a remarqué avec satisfaction des panneaux de bordure dans le style moderne, de MM. Thierry. Les guirlandes de volubilis et de raisin sont d'un effet charmant. Ces verrières se prêteraient admirablement à la décoration des édifices de nos jours; malheureusement ce genre de décoration est trop négligé, ce qui tient, il faut le dire, au prix très élevé des beaux vitraux peints.

Enfin les grisailles modernes de MM. Thierry se distinguent par un dessin très correct, une vigueur et une netteté remarquables. Il y a de plus une grande difficulté vaincue dans la cuisson de verres aussi grands que *Les chevaux surpris par un lion*, *l'Angelus*, *le buste du Christ*, etc. On doit des éloges à M. Thierry fils, qui est l'auteur de ces divers dessins et peintures.

5e Classe. — *Arts céramiques.*

Nous arrivons à ces industries qui ne se rattachent aux Beaux-Arts que d'une manière indirecte. Les produits de ces industries qui ont souvent pour but de satisfaire aux besoins les plus ordinaires ou les plus futiles, ne doivent pas moins être pris en grande considération. Un des progrès de la civilisation est d'introduire la beauté, l'élégance, l'eurythmie de formes dans les moindres objets, dans les choses les plus vulgaires, et qui par cela même se trouvent sans cesse sous nos yeux. Tels sont les produits des arts céramiques qui figuraient à notre Exposition.

Médailles de bronze.

M. Viot, aux Agêts, commune de Saint-Brice (*Mayenne*).

M. Viot nous a paru, pour ses objets de poterie qu'il a exposés, mériter le rappel de la médaille de bronze, que pour d'autres produits lui a décernée la 3e Section. Cette industrie qui ne date dans le pays que depuis quelques années, a pris un développement considérable que la Société doit encourager. Les statues de jardin representant des allégories de la pêche et de la chasse, sont remarquables; ces statues, ainsi que les sujets religieux exposés par M. Viot, offraient à la cuisson, à cause de leur grande dimension, une difficulté qui a été heureusement vaincue. Les carreaux de diverses formes et de diverses teintes pouvant fournir d'heureuses combinaisons de carrelage, ainsi que les tuyaux de drainage exposés par M. Viot, ont été appréciés par la 1re et la 3e Sections.

M. Del Pino, à Avesnières, près Laval.

M. Del Pino a importé dans notre ville l'art de la

poterie; nous souhaitons vivement que cette industrie nouvelle s'y propage. Son grand brasero, quelques-uns de ses vases d'ornement, et surtout sa poterie avec vernis qui pourrait faire concurrence à celle de Malicorne, ont frappé la commission.

Ce qui manque en général à tous les fabricants de poterie, c'est la connaissance théorique des règles de la céramique, ce sont des notions plus parfaites de dessin et surtout de bons exemples. Si l'on voulait que le Musée de Laval, dont nous parlions tout-à-l'heure, devînt un établissement vraiment utile, il faudrait qu'on y fît entrer des moulages de quelques-uns des beaux vases que la Grèce, l'Italie, les Etrusques nous ont légués, et qui seraient pour les potiers en terre des modèles permanents de beauté et de perfection.

6e Classe. — *Industries diverses se ratachant aux Beaux-Arts.*

I. Orfèvrerie.

Médaille d'argent.

M. Charles Guérin, joaillier-graveur, à Laval, Grand'Rue.

M. Guérin représente seul à l'Exposition l'art si important du joaillier et du ciseleur; et c'est chose malheureuse, car nous pouvons affirmer que M. Guérin ne redouterait pas la concurrence. Une châtelaine, or et argent, ciselée, gravée, émaillée, œuvre capitale de M. Guérin, a l'avantage de faire voir dans un seul et même objet, toutes les connaissances diverses que comporte l'art du joaillier. L'épingle de cravate (attribut de chasse), est parfaite d'élégance. Enfin la commission a remarqué avec plaisir les pipes et les boutons de manchettes en argent uni, ciselé et gravé. Le bon goût et le bon marché de ces derniers objets ont un grand mérite à nos yeux. M. Guérin est dans la véritable voie en s'appliquant à embellir par la ciselure ces riens d'un usage journalier, et ces mille petits objets que nos mœurs et nos habitudes nous rendent indispensables.

N'oublions pas que c'est M. Guérin qui a gravé le timbre de la Société, dont il a exposé de belles épreuves à timbre sec et humide, et en cire.

II. Lutherie.

La lutherie était dignement représentée à notre Exposition par l'orgue de M. Gand d'abord, dont le meuble en chêne sculpté, sorti des ateliers de MM. Martin frères de Laval, était un des plus beaux ornements de la grande salle, par les pianos de M. Bachmann et de MM. Bresseau et Gilet d'Angers, par les instruments à corde de M. Bonnel, de Rennes, enfin par des pianos et des instruments de cuivre envoyés par divers facteurs de Paris. La commission pour apprécier ces objets s'est adjoint des artistes et s'est livrée avec eux à un examen attentif du mécanisme des instruments, des perfectionnements apportés dans ce mécanisme, et surtout de la qualité de leurs sons.

Médaille d'argent, grand module.

M. Bachmann, facteur de pianos, à Angers (*Maine-et-Loire*), et à Tours.

M. Bachmann a exposé trois pianos à double table d'harmonie métallique, perfectionnement pour lequel il a pris un brevet d'invention. Cette double table doit donner plus de solidité à l'instrument. Du reste, les sons des pianos de M. Bachmann sont beaux et puissants et les différents registres se relient parfaitement entre eux.

Ce qui a surtout frappé la commission, c'est le système nouveau employé par M. Bachmann dans sa pédale d'étouffoir. On obtient ordinairement les sons étouffés dans les pianos, soit par le dérangement du marteau qui au lieu de frapper trois cordes n'en frappe plus que deux, soit par l'interposition d'un morceau de drap entre le marteau et la corde sonore. Ces deux modes imparfaits, dont le premier surtout a le désavantage de contribuer à désaccorder les pianos, ont été heureusement remplacés par M. Bachmann. Le mécanisme de sa pédale d'étouffoir consiste uniquement dans le rapprochement du marteau des cordes. Le bras de levier devenant moins long, le coup frappé est plus faible, et l'intensité du son diminue en proportion. Ce système a de plus un avantage, c'est de permettre par le rapprochement ou l'éloignement du marteau de diminuer ou d'augmenter graduellement le son, et d'obtenir seulement à l'aide de la pédale, des effets de crescendo et de decrescendo.

Les meubles des pianos de M. Bachmann sont riches et gracieux. Ses pianos en bois de rose étaient grandement et justement admirés par toutes les belles visiteuses de l'Exposition.

Médaille d'argent.

M. **Charles Gand**, luthier, à Laval, Pont-de-Mayenne.

Le bel orgue de M. Gand, à six jeux (prestant, bourdon, flûte, doublette, hautbois, et basse de trompette) et à deux claviers, l'un de main et l'autre de pédales, mérite à tous égards la récompense que le jury a décernée à cet intelligent artiste. Tout le monde a été à même d'apprécier la puissance et la belle qualité des sons de cet instrument.

Nous sommes heureux de constater qu'à Laval commencent à se développer des industries qu'on était obligé jusqu'à présent d'aller chercher à Paris.

Médaille d'argent.

MM. **Bresseau** et **Gilet**, facteurs de pianos, à Angers (*Maine-et-Loire*).

Ces facteurs dont l'établissement ne fait que commencer à Angers, ont exposé un piano transpositeur qui leur a fait accorder une médaille de bronze. Ce piano transpose d'un demi-ton en descendant et d'un demi-ton en montant. Dans la plupart des pianos transpositeurs le système consiste à faire mouvoir ensemble tout le mécanisme (clavier et marteaux). Il arrive que les marteaux ne frappent plus les mêmes cordes, et les rainures qui se font au bourrelet du marteau ne correspondant plus aux nouvelles cordes frappées, les sons perdent de leur qualité. Le système de MM. Bresseau et Gilet nous a semblé ne pas avoir cet inconvénient; les marteaux restent à leurs places et frappent toujours les mêmes cordes, le clavier seul glisse de gauche à droite ou de droite à gauche, au moyen d'un levier placé au-dessous de ce clavier.

Mentions honorables.

M. BONNEL, facteur d'instruments, à Rennes (*Ille-et-Vilaine*).

Un violon et un violoncelle, imitations de Stradivarius, vernis à l'huile, et entièrement confectionnés à Rennes.

III. MARBRERIE.

Sans doute à cause de leurs relations intimes avec la sculpture d'ornementation, on a voulu que les objets en marbre travaillés et par extension les marbres eux-mêmes fussent soumis à l'examen du jury de la 5e Section.

Les marbres de la Mayenne qui devraient être une source de richesse et d'illustration pour notre pays, n'ont pas la réputation qu'ils méritent, et leur exploitation est loin d'avoir atteint le développement considérable qu'elle pourra un jour comporter. Cependant notre département est un des plus heureusement partagés sous ce rapport ; ses marbres sont susceptibles du plus beau poli, peuvent se prêter à tous les usages, et offrent les couleurs les plus riches et les plus variées. Ils se trouvent partout en abondance, et surtout dans les arrondissements de Laval et de Château-Gontier.

A Saint-Berthevin, près Laval, dans des carrières actuellement abandonnées, on rencontre un beau marbre rouge, qui a fourni les colonnes du maître-autel de la cathédrale d'Angers. Et, comme à toutes les découvertes importantes, un récit légendaire est attaché par nos vieux historiens à la découverte et à la première exploitation de ce marbre *Berthevinois*.

A Argentré, à Bonchamps et à Louverné se trouvent en abondance les marbres noirs et les marbres gris, les plus recherchés et les plus employés dans notre pays.

Les marbres noirs d'Argentré sont peut-être inférieurs à ceux de Sablé, quant à la nuance, mais ils leur sont bien supérieurs pour la qualité. Ceux de Sablé, en effet, pleins de salpêtre, ne peuvent résister à l'action de l'air et de l'humidité, qui les décompose et les rend friables, tandis que les autres plus faciles à travailler et à polir ont une durée quadruple des premiers; et cependant notre marbre noir méconnu n'a pas la réputation de celui de Sablé. « A Rouessay, près Laval, il y a du marbre d'un rose pâle « qui n'est point employé. La carrière de Mongueret, « commune de Bouessay, a fourni du marbre noir; « il est en abondance et pour ainsi dire inépuisable; « on ne l'exploite plus. Il en est de même de celle du « pont de la Corbinière.... On trouve à Saint-Ger- « main-le-Fouilloux et à Saint-Jean du marbre co- « quillé appelé *lumachelle* en Italie; il n'est pas « exploité. » (*Rapport sur les marbres du département par M. J. Duchemin des Cepeaux*). Enfin, dans les carrières de Bouëre et de Grez, actuellement en pleine exploitation, se trouvent ces marbres admirables connus sous les noms de *gris panaché*, de *rose enjugeraie*, de *sarrancolin de l'Ouest*. Ce dernier, le plus beau sans contredit de nos marbres, avec ses veines et ses taches d'un rouge de sang, peut rivaliser avec le *sarrancolin* des Pyrénées dont il a emprunté le nom.

On voit quelle est la richesse marbrière de notre pays; et si l'exploitation des marbres n'y a pas encore atteint le développement qu'elle peut obtenir un jour, il est certain du moins que déjà un pas considérable a été fait en avant. En 1834, on ne pouvait pas évaluer à plus de 150 mètres cubes le marbre extrait annuellement dans notre département, et vingt ouvriers à peine étaient employés à cette industrie. (*Essai statistique de Blavier*). Depuis cette époque, l'importance de cette exploitation a plus que quadruplé. Il faut reconnaître que la maison Ve Henry, de Laval, a été pour beaucoup dans ce progrès. A toutes nos Expositions nationales de 1839, 1844, 1849, Mme veuve Henry a sans cesse paru, luttant sans relâche pour faire connaître sous leur véritable nom nos marbres de la Mayenne, désignés le plus souvent dans le commerce, sous des noms étrangers (1).

Notre Exposition aura encore cet heureux résultat de faire mieux connaître nos marbres si beaux, si variés de couleur, si riches de veines, et qui, par le beau poli qu'ils peuvent recevoir et leur solidité, soutiendront, quand on le voudra, la concurrence avec ceux de l'Italie et des Pyrénées. Ce qu'il nous faut surtout, ce sont des moyens de transport faciles et économiques qui mettent nos contrées en rapport avec de grands centres de consommation. La canalisation

(1) Ainsi le *sarrancolin de l'Ouest*, de Grez *(Mayenne)*, est souvent appelé *marbre de Sablé*.

de la Mayenne amènera ce résultat ; alors l'exploitation de nos marbres prendra immédiatement un développement considérable et une nouvelle source de richesse s'ouvrira pour le département de la Mayenne.

Médaille d'or.

MM. Landeau, Noyer et Cie, à Sablé (*Sarthe*).

MM. Landeau, Noyer et Cie ont exposé d'admirables échantillons de *sarrancolin de l'Ouest*, de *gris panaché*, de *rose enjugeraie* et de *noir de port-étroit*. Tous ces marbres, moins le noir, sont extraits des carrières de Bouëre et de Grez dans le département de la Mayenne. Ils sont compactes, solides, se taillent aisément et reçoivent avec facilité le plus brillant poli. Ils conviennent à tous les objets de marbrerie, on en peut tirer des fûts de colonnes ayant jusqu'à 4 mètres 30 centimètres de longueur.

L'exploitation de la Société Landeau est très considérable. Elle livre annuellement 15,000 mètres carrés de marbre débité en tranches de diverses dimensions, emploie 120 à 150 ouvriers, et opère le sciage de ses marbres, au moyen de quatre scieries hydrauliques qui mettent en mouvement plus de 340 lames.

La plus importante de ces scieries est établie sur la rive gauche de la Sarthe, à quelque distance de l'abbaye de Solesmes ; elle met en mouvement sept chassis qui reçoivent ensemble 170 lames. Elle offre une innovation remarquable non encore appliquée dans les usines du même genre, celle d'un régulateur qui tenant en suspension les chassis, dont le poids mis en mouvement ne peut être évalué à moins de 10,000 kilogrammes, modère et régularise l'action des scies. Secondé par un sable fin, délié et mordant, que la nature semble avoir placé à dessein dans le voisinage des usines, ce régulateur procure un sciage droit, régulier, parfaitement lisse à sa surface et en quelque sorte à demi-poli.

La Société Landeau avait aussi envoyé à l'Exposition une *grande Croix gothique en sarrancolin de l'Ouest*, dont le fût d'un seul morceau avait près de 4 mètres, et dont la tête offrait un ravissant travail de sculpture.

L'importance de l'exploitation de MM. Landeau, Noyer et Cie, la beauté des produits exposés par eux, méritent la médaille d'or que le jury a été unanime pour leur accorder.

Grande Médaille d'argent.

Mme veuve Henry, place de la Préfecture, N° 5, à Laval.

Mme veuve Henry qui dirige depuis de longues années l'atelier le plus important de marbrerie de notre département, qui trois fois déjà a été honorée de la médaille de bronze, aux Expositions de 1839, 1844 et 1849, vient à notre Exposition avec une magnifique collection de vingt-trois espèces différentes de marbres de notre département, et toutes remarquables. Parmi ces marbres on distingue les trois marbres découverts par Mme veuve Henry, qui lui ont valu la médaille en 1849 et ne sont point encore dans le commerce. Ce sont : un marbre noir à grains très serrés et sans veines ; un marbre à fond jaune avec veines noires ; un marbre à fond gris rosé et pointillé de blanc par de petites coquilles.

Mme Henry exploite dans ses carrières de Bouëre et de Grez les mêmes marbres que MM. Landeau, Noyer et Cie, le *sarrancolin*, le *gris panaché*, etc. Elle exploite aussi des marbres gris (gris fleuri, gris panaché, petit gris, petit antique), dans les communes de Louverné, de Bonchamps, qui ne sont pas exploités par la Société Landeau, de Sablé.

Mme veuve Henry, pour la mise en œuvre de ses marbres, a sur la Mayenne une scierie hydraulique de 200 lames.

Elle avait exposé aussi une magnifique cheminée en marbre blanc, à formes arrondies, très remarquable par le style et par l'exécution. Les affreux angles droits en étaient sévèrement proscrits, et remplacés partout par des formes arrondies, par des courbes, la ligne par excellence.

Médaille d'argent.

M. Henri Bouhours, marbrier, 33, rue des Fossés, à Laval.

Une très jolie cheminée à modillons sous frise, en beau marbre de Louverné.

Médaille de bronze.

M. Poirier-Gandon, marbrier, rue du Mouton, au Mans (*Sarthe*).

Une cheminée en marbre blanc, dans le goût Louis XV, d'un joli travail.

Mention honorable.

M. Croissant, marbrier, à Laval.

Deux tranches de marbres des carrières de Lhaumeunn, d'un très beau poli. Cette carrière produit trois espèces de marbres : du gris clair, du noir antique et du gris solitaire.

IV. — Dorures et encadrements.

Médaille d'argent.

M. Ottoz, à Rennes (*Ille-et-Vilaine*).

Encadrements qui se distinguent par l'élégance et le bon goût des ornements, et par la perfection de la dorure.

Médailles de bronze.

M. Pepin, miroitier et doreur sur bois, rue Napoléon, à Laval.

M. Croissant, miroitier et doreur sur bois, rue Renaise, à Laval.

Chacun de ces industriels avait exposé une magnifique console dorée, surmontée d'une glace à riche encadrement, également doré. Ces beaux objets faisaient un bel effet dans le grand salon. — Les ornements avaient été ajustés et la dorure entièrement faite à Laval, dans les ateliers de MM. Pepin et Croissant.

M. Jouannin jeune, à Rennes (*Ille-et-Vilaine*).

Encadrements.

§ III.

LISTE PAR ORDRE ALPHABÉTIQUE DES EXPOSANTS AYANT OBTENU DES RÉCOMPENSES, OU CITÉS DANS LES RAPPORTS.

LISTE PAR ORDRE ALPHABÉTIQUE DES EXPOSANTS AYANT OBTENU DES RÉCOMPENSES, OU CITÉS DANS LES RAPPORTS.

NOMS DES EXPOSANTS.	DÉPARTEMENTS.	DÉSIGNATION DES OBJETS RÉCOMPENSÉS.	RÉCOMPENSES OBTENUES.	Indication de la Section	Pages du Rapport.
		A.			
ABERDEEN-GORDON.	*Ecosse.*	Fils de lin.	«	2e	58
AGNÈS.	*Mayenne.*	Fruits et légumes.	G. Méd. d'argent.	1	50-52
ALLARD.	*Mayenne.*	Bougies.	Ment. honorable.	4	103
AMOUROUX (Mme Ve).	*Maine-et-Loire.*	Vins.	Ment. honorable.	4	102
D'AMSINCK (Mme).	*Ille-et-Vilaine.*	Tableaux.	Méd. d'argent.	5	119
ARTRU et JARRY.	*Mayenne.*	Papiers.	Méd. d'or.	4	94
		B.			
BABIN.	*Mayenne.*	Meubles.	G. Méd. d'argent.	4e	91
BACHMANN.	*Maine-et-Loire.*	Pianos.	G. Méd. d'argent.	5	139
BADAULT.	*Mayenne.*	Vitraux.	Ment honorable.	5	134
BALIGAND.	*Sarthe.*	Fécules.	Méd. d'argent.	4	104
BARBOT.	*Mayenne.*	Passementeries.	Méd. d'argent.	4	97
DE BARESGUT (Mlle).	*Mayenne.*	Tableaux.	Ment. honorable.	5	122
BARRÉ.	*Ille-et-Vilaine.*	Statue et bustes.	Méd. d'or.	5	129

NOMS DES EXPOSANTS.	DÉPARTEMENTS.	DÉSIGNATION DES OBJETS RÉCOMPENSÉS.	RÉCOMPENSES OBTENUES.	Indication de la Section.	Pages du Rapport.
Barré-Ledonné.	*Mayenne.*	Toiles de coton.	Méd. de bronze.	2e	65
Baton-Rambos.	*Ille-et-Vilaine.*	Tricots.	Méd. d'argent.	2	68
Baudry.	*Mayenne.*	Fusils et pistolets.	Méd. de bronze.	3	79
Beauvais.	*Mayenne.*	Tableaux et dessins.	Méd. d'or.	5	115
Belœuf (Mme).	*Sarthe.*	Tableaux.	Ment. honorable.	5	127
Bellanger.	*Mayenne.*	Sabots.	Ment. honorable.	4	89
Bellanger.	*Mayenne.*	Perruques.	Ment. honorable.	4	100
Besnier (Philéas).	*Loire-Inférieure*	Basanes.	Méd. de bronze.	4	86
Besnier.	*Sarthe.*	Chocolats.	Méd. de bronze.	4	102
Beucher, de la Gravelle.	*Mayenne.*	Froment, et poudre d'or.	Ment. honorable.	1-3	39-81
Beucher.	*Mayenne.*	Perruques.	Méd. de bronze.	4	99
Blum.	*Mayenne.*	Vêtements confectionnés.	Méd. de bronze.	4	99
Bodereau.	*Ille-et-Vilaine.*	Faulx.	Méd. d'argent.	3	77
Bodin.	*Mayenne.*	Machine à battre et charrues.	G. Méd. d'argent.	1	41-45
Boisseau-Yvon.	*Mayenne.*	Flanelles.	Ment. honorable.	2	67
Bonnel.	*Ille-et-Vilaine*	Instruments de musique.	Ment. honorable.	5	142
Bordeau-Yvain.	*Mayenne.*	Peignes à tisser.	Méd. de bronze.	2	70
Bordillon.	*Mayenne.*	Irrigations.	Méd. d'or.	1	33
Bossard.	*Ille-et-Vilaine.*	Enclume.	Ment. honorable.	3	81
Bossé.	*Loire-Inférieure*	Peaux.	Méd. de bronze.	4	86

NOMS DES EXPOSANTS.	DÉPARTEMENTS.	DÉSIGNATION DES OBJETS RÉCOMPENSÉS.	RÉCOMPENSES OBTENUES.	Indication de la Section.	Pages du Rapport.
BOUHOURS (Henri).	*Mayenne.*	Marbres.	Méd. d'argent.	5e	147
BOUIN.	*Ille-et-Vilaine.*	Cuirs.	Méd. de bronze.	4	86
BOULAY.	*Mayenne.*	Chapeaux.	Ment. honorable.	4	90
BOURDAIS.	*Mayenne.*	Ardoises.	Méd. de bronze.	3	79
BOURGAUT.	*Mayenne.*	Racines de grande culture.	Ment. honorable.	1	39
BOURSIER (Ve).	*Mayenne.*	Verrat-Hampshire.	Méd. d'argent.	1	37
BOUGUÉ.	*Mayenne.*	Cuirs.	Méd. de bronze.	4	86
BRASSEUR.	*Mayenne.*	Teintures.	Méd. d'argent.	2	69
BRESSEAU et GILET.	*Maine-et-Loire*	Pianos.	Méd. de bronze.	5	141
BRIAND.	*Ille-et-Vilaine.*	Tableaux.	Ment. honorable.	5	122
BRISOU.	*Ille-et-Vilaine.*	Cuirs.	Méd. d'or.	4	83
BROCHERIE.	*Mayenne.*	Harnais.	Méd. de bronze.	1	43
BUFFET.	*Mayenne.*	Reliure.	Méd. de bronze.	4	96
BUSSON.	*Mayenne.*	Lins.	Ment. honorable.	1	39
		C.			
CAMILLE-HUMEAU.	*Mayenne.*	Machine à vapeur.	G. Méd. d'argent.	3	75
CAMUS.	*Maine-et-Loire.*	Mouchoirs écrus.	Méd. de bronze.	2	61
CANDY.	*Mayenne.*	Chaussures.	Méd. d'argent.	4	87

NOMS DES EXPOSANTS.	DÉPARTEMENTS.	DÉSIGNATION DES OBJETS RÉCOMPENSÉS.	RÉCOMPENSES OBTENUES.	Indication de la Section.	Pages du Rapport.
Carré.	*Mayenne.*	Coutils.	Ment. honorable.	2e	64
Caternault, Caille et Cie.	*Maine-et-Loire.*	Fils et tissus.	G. Méd. d'argent.	2	57
Cerf.	*Loire-Inférieure*	Vernis.	Méd. de bronze.	4	88
Chasseboeuf.	*Ille-et-Vilaine.*	Fusils.	Méd. de bronze.	3	79
Chattemoue (Ardoisières de).	*Mayenne.*	Pierres d'ardoise.	Méd. d'or.	3	73
Chauvin (François).	*Mayenne.*	Fils.	Ment. honorable.	2	57
Chauvin-Georget.	*Mayenne.*	Coutils.	Méd. d'argent.	2	63
Chesneau.	*Mayenne.*	Voiture.	Méd. de bronze.	3	79
Chesneau.	*Mayenne.*	Tissus.	Méd. d'or.	2	66
Chevrie frères.	*Mayenne.*	Coutils.	G. Méd. d'argent.	2	62
Chomereau.	*Mayenne.*	Dessins et sculptures.	Méd. d'argent.	5	125
Chrétien.	*Mayenne.*	Drains.	Ment. honorable.	3	81
Clain.	*Sarthe.*	Objets tournés.	Ment. honorable.	4	93
Clenet.	*Mayenne.*	Fourneaux culinaires.	Méd. d'argent.	3	76
Cochon.	*Mayenne.*	Tableaux.	Citation favorable.	5	122
Coignard (Louis).	*Mayenne.*	Tableaux.	Vase de Sèvres.	5	122
Coignard.	*Mayenne.*	Meubles.	Ment. honorable.	4	93.
Collet-Chouannière.	*Mayenne.*	Durham, moutons Dishley, etc.	G. Méd. d'argent.	1	36-38-39-42
Combier-Destres.	*Maine-et-Loire.*	Liqueurs.	Méd. d'argent.	4	101
Comice horticole d'Angers.	*Maine-et-Loire.*	Fruits et légumes.	G. Méd. d'argent.	1	51-52

NOMS DES EXPOSANTS.	DÉPARTEMENTS.	DÉSIGNATION DES OBJETS RÉCOMPENSÉS.	RÉCOMPENSES OBTENUES.	Indication de la Section.	Pages du Rapport.
Cie des mines de May. et Sarthe.	*Mayenne.*	Houilles et anthracites.	Vase de Sèvres.	3e	72
Cie des mines de St-Pierre-la-C.	*Mayenne.*	Houilles et anthracites.	Vase de Sèvres.	3	73
COSNIER et LACHAISE	*Maine-et-Loire.*	Imprimerie et lithographie.	Méd. d'argent.	4	95
COSTÉ-TAFFOREAU.	*Mayenne.*	Cuirs.	Méd. d'or.	2	83
COUANIER.	*Mayenne.*	Tissus.	«	4	59
COUET.	*Mayenne.*	Charrues.	Méd. d'argent.	1	42
COULON.	*Mayenne.*	Toiles.	Ment. honorable.	2	61
COURTE (Alfred).	*Mayenne.*	Lins.	Ment. honorable.	1	39
COVLET.	*Mayenne.*	Chaire en bronze.	Méd. de bronze.	3	79
CRÉ.	*Mayenne.*	Coutils.	Méd. de bronze.	2	64
CRÉTAL.	*Ille-et-Vilaine.*	Pipes.	Méd de bronze.	4	105
CRIBIER frères.	*Mayenne.*	Coutils.	Ment. honorable.	2	64
CRINIÈRE.	*Sarthe.*	Meules.	Méd. de bronze.	3	78
CROISSANT.	*Mayenne.*	Encadrements.	Méd. de bronze.	5	148
CROISSANT.	*Mayenne.*	Chapeaux.	Ment. honorable.	4	89
CROISSANT.	*Mayenne.*	Marbres.	Ment. honorable.	5	148
CROISSANT.	*Mayenne.*	Racines de grande culture.	Ment. honorable.	1	39
CRUSSARD.	*Mayenne.*	Froment.	Ment. honorable.	1	39
Curé de la Baconnière (Le).	*Mayenne.*	Fruits et légumes.	Ment. honorable.	1	51-53
Curé de L'Huisserie (Le).	*Mayenne.*	Fruits et légumes.	Ment. honorable.	1	51-53

NOMS DES EXPOSANTS.	DÉPARTEMENTS.	DÉSIGNATION DES OBJETS RÉCOMPENSÉS.	RÉCOMPENSES OBTENUES.	Indication de la Section.	Pages du Rapport.
		D.			
DABE.	*Mayenne.*	Roue d'engrenage.	Méd. d'argent.	3	77
D'ARCY.	*Ille-et-Vilaine.*	Tableaux.	Méd. d'argent.	5	119
DAVEAUX et Cie.	*Mayenne.*	Tissus.	«	2	59
DELILLE (Mlle).	*Mayenne.*	Fleurs artificielles.	Ment. honorable.	4	106
DEL PINO.	*Mayenne.*	Poterie.	Méd. de bronze.	5	157
DENUAULT.	*Mayenne.*	Horticulture.	Méd. de bronze.	1	48-52
DERAULT.	*Mayenne.*	Navettes.	Ment. honorable.	2	71
DERRIEN.	*Loire-Inférieure*	Engrais artificiels.	G. Méd. d'argent.	1	39-40
DESCHAMPS.	*Mayenne.*	Sculpture.	Méd. d'argent.	5	131
DESCHAMPS.	*Mayenne.*	Oiseaux empaillés.	Ment. honorable.	4	105
DESHAYES.	*Mayenne.*	Moutons Dislhey.	Méd. d'argent.	1	58
DEUTCH.	*Sarthe.*	Tableaux.	Ment. honorable.	5	128
DIEUL.	*Orne.*	Peignes à tisser.	«	2	71
DINOMAIS.	*Mayenne.*	Toiles ouvrées.	Ment. honorable.	2	61
DIOT.	*Sarthe.*	Billard.	Méd. d'or.	4	90
DOUDET.	*Mayenne.*	Horticulture.	G. Méd. d'argent.	1	48-51
DROUILLEAU et COVLET.	*Mayenne.*	Carrelages.	Ment. honorable.	3	81
DU BUAT DE LA SUBRARDIÈRE.	*Mayenne.*	Durham.	Méd. d'or.	1	55
DUGASSEAU.	*Sarthe.*	Tableaux.	Ment. honorable.	5	127

NOMS DES EXPOSANTS.	DÉPARTEMENTS.	DÉSIGNATION DES OBJETS RÉCOMPENSÉS.	RÉCOMPENSES OBTENUES.	Indication de la Section.	Pages du Rapport.
DUNIAL.	*Sarthe.*	Bascules.	Méd. d'argent.	3e	78
DUPRÉ.	*Mayenne.*	Horticulture.	Méd. de bronze.	1	48-52
DUPUIS.	*Loire-Inférieure*	Perruques.	Ment. honorable.	4	100
DURET.	*Eure.*	Cotons.	«	2	58
		E.			
EDARD-LABUTTE.	*Mayenne.*	Chapeaux.	Méd. d'argent.	4	88
ELIAS-ROUSSIN.	*Ille-et-Vilaine.*	Orge et gruau perlés.	G. Méd. d'argent.	1	39
D'EVRY.	*Mayenne.*	Tableaux.	Méd. d'argent.	5	123
		F.			
FAYON.	*Ille-et-Vilaine.*	Pâtes alimentaires.	Méd. d'argent.	4	100
FERAY et Cie.	*Seine-et-Oise.*	Filatures, et toiles damassées.	«	2	58
FERON-MARIE.	*Mayenne.*	Teintures et apprêts.	Méd. de bronze.	2	70
FÉVRIER.	*Mayenne.*	Juments.	Méd. d'argent.	1	36
FIALEIX.	*Sarthe.*	Vitraux peints.	G. Méd. d'argent.	5	134
FICQUEMONT.	*Ille-et-Vilaine.*	Boudoir.	Méd. de bronze.	4	92
Forges d'Orthe.	*Mayenne.*	Fers.	Méd. d'or.	3	74
Forges du Port-Brillet.	*Mayenne.*	Fers et fontes.	Méd. d'or.	3	74

NOMS DES EXPOSANTS.	DÉPARTEMENTS.	DÉSIGNATION DES OBJETS RÉCOMPENSÉS.	RÉCOMPENSES OBTENUES.	Indication de la Section.	Pages du Rapport.
Fouché (Mlle).	*Mayenne.*	Chemise brodée.	Ment. honorable.	4e	98
Foucouin.	*Mayenne.*	Sabots.	Méd. d'argent.	4	87
Fouquié (Mlle) et Cie.	*Mayenne.*	Châles brodés.	Méd. d'or.	4	96
Fournier-Boutevin.	*Sarthe.*	Étoffes en laine.	Méd. de bronze.	2	67
Fournier.	*Mayenne.*	Statuette en fer travaillé.	Ment. honorable.	3	81
Froger.	*Mayenne.*	Oiseaux empaillés.	Ment. honorable.	4	106
		G.			
Gaillard.	*Loire-Inférieure*	Chocolats.	Méd. d'argent.	4	101
Gaillard.	*Mayenne.*	Meubles.	Méd. d'argent.	4	91
Gallet frères.	*Orne.*	Cotons imprimés.	«	2	70
Gand.	*Mayenne.*	Orgue.	Méd. d'argent.	3	141
Garnier.	*Mayenne.*	Lins.	Ment. honorable.	1	39
Garry.	*Mayenne.*	Charrues.	Ment. honorable.	1	42
Gauthier (Félix).	*Mayenne.*	Horticulture.	G. Méd. d'argent.	1	48-51
Gauthier Félix (Mlle).	*Mayenne.*	Bouquets de fleurs naturelles.	Méd. de bronze.	1	51-52
Gauthier (François).	*Mayenne.*	Horticulture.	Méd. d'argent.	1	49-52
Gendron.	*Mayenne.*	Meubles rustiques.	Ment. honorable.	4	93
Georget.	*Mayenne.*	Horticulture.	Méd. d'or.	1	47-51

NOMS DES EXPOSANTS.	DÉPARTEMENTS.	DÉSIGNATION DES OBJETS RÉCOMPENSÉS.	RÉCOMPENSES OBTENUES.	Indication de la Section.	Pages du Rapport.
GEORGET (Mme).	*Mayenne.*	Bouquets de fleurs naturelles.	Méd. d'argent.	1e	51-52
GERNIGON.	*Mayenne.*	Durham et verrats.	Méd. d'or.	1	55-57
GENOUEL.	*Mayenne.*	Reliure.	Ment. honorable.	4	96
GIRARD DE CHATEAUVIEUX.	*Ille-et-Vilaine.*	Choux.	Ment. honorable.	1	38
GOMMELET.	*Ille-et-Vilaine.*	Sculptures en bois.	Ment. honorable.	5	131
GONTIER.	*Mayenne.*	Vis de pressoir, et pressoir.	Ment. honorable.	1-5	43-80
GOURDEL.	*Ille-et-Vilaine.*	Sculpture.	Méd. d'argent.	5	130
GOURDIER (l'abbé).	*Mayenne.*	Sculpture.	Ment. honorable.	5	130
GOURDIN.	*Sarthe.*	Horloges.	Méd. d'or.	5	73
GRANGER-GENESLEY.	*Mayenne.*	Bougies.	Méd. d'argent.	4	102
GRESLIER.	*Loire-Inférieure*	Huiles.	Ment. honorable.	4	105
GROUSSARD.	*Mayenne.*	Sculptures.	Ment. honorable.	5	131
GUÉDON.	*Mayenne.*	Bélier Dislhey.	Méd. d'argent.	1	58
GUÉRIN.	*Mayenne.*	Objets d'orfèvrerie.	Méd. d'argent.	5	138
GUÉRIN.	*Ille-et-Vilaine.*	Meubles.	Ment. honorable.	4	95
GUESDON.	*Mayenne.*	Chanvre.	Ment. honorable.	1	59
GUICHARD.	*Mayenne.*	Chaises.	Ment. honorable.	4	95
GUYAU-GUILLOUARD.	*Mayenne.*	Blouses.	Méd. de bronze.	2	66

NOMS DES EXPOSANTS.	DÉPARTEMENTS.	DÉSIGNATION DES OBJETS RÉCOMPENSÉS.	RÉCOMPENSES OBTENUES.	Indication de la Section.	Pages du Rapport.
		H.			
HAQUIN (Mlle).	*Mayenne.*	Broderies.	Ment. honorable.	4e	98
HATON (Mlle).	*Mayenne.*	Broderies.	Méd. de bronze.	4	98
HAUMOUCHE.	*Mayenne.*	Dog-car.	Ment. honorable.	5	180
HENRI (Mme Ve).	*Mayenne.*	Marbres.	G. Méd. d'argent.	5	46
HERMENT.	*Ille-et-Vilaine.*	Papiers peints.	Méd. d'argent.	4	95
HERRIAU.	*Mayenne.*	Chasses à tisser.	Ment. honorable.	2	71
HILLAIRE.	*Maine-et-Loire.*	Tuyaux et sacs en toile.	Méd. d'argent.	2	68
HOREM et DENIS.	*Mayenne.*	Calicots.	Méd. d'or.	2	64
HOUYAU.	*Maine-et-Loire.*	Machine à battre.	G. Méd. d'argent.	1	45
HUBERT.	*Sarthe.*	Presses en bois.	Méd. de bronze.	4	92
HUGON et ALLIOT.	*Maine-et-Loire.*	Cotons et ganses.	Méd. d'argent.	2	57
HUNAULT DE LA PELTRIE.	*Maine-et-Loire.*	Froments.	Ment. honorable.	1	38
HUREAU.	*Maine-et-Loire.*	Sommiers élastiques.	Méd. de bronze.	4	105
HUTIN.	*Mayenne.*	Fruits et légumes.	G. Méd. d'argent.	1	50-52
		J.			
JARLAUD.	*Sarthe.*	Flotteur indicateur.	G. Méd. d'argent.	5	75
JOBBÉ-DUVAL (Félix).	*Finistère.*	Tableaux.	«	5	114

NOMS DES EXPOSANTS.	DÉPARTEMENTS.	DÉSIGNATION DES OBJETS RÉCOMPENSÉS.	RÉCOMPENSES OBTENUES.	Indication de la Section.	Pages du Rapport.
JOBBÉ-DUVAL (Auguste).	*Finistère.*	Tableaux.	«	5e	127
JONIAUX frères.	*Mayenne.*	Fourneaux et calorifères.	Méd. d'argent.	3	76
JOUANNIN.	*Ille-et-Vilaine.*	Encadrements.	Méd. de bronze.	5	148
JOUAULT.	*Mayenne.*	Chaussure.	Ment. honorable.	4	89
JOUET (Ve).	*Mayenne.*	Pouliche.	Méd. de bronze.	1	36
DE JOURDAN.	*Mayenne.*	Froment.	Ment. honorable.	1	39
JOURNÉ et GRISIER.	*Mayenne.*	Coutils.	G. Méd. d'argent.	2	63
JOURNAULT, MONNIÉ et Cie.	*Mayenne.*	Ardoises.	Méd. de bronze.	3	79
JIUGNI.	*Mayenne.*	Cheminées.	Ment. honorable.	3	80
JULIEN-JAN.	*Ille-et-Vilaine.*	Jouets d'enfants.	Méd. d'argent.	4	104
JUSSEAUME.	*Loire-Inférieure*	Fourneaux culinaires.	G. Méd. d'argent.	3	75
		L.			
LA BEAULUÈRE.	*Mayenne.*	Fleurs.	G. Méd. d'argent.	1	49-52
LACHAISE.	*Sarthe.*	Tableaux.	Méd. de bronze.	5	127
LA CHESNAYE.	*Mayenne.*	Charrues.	Ment. honorable.	1	42
LAISIS.	*Mayenne.*	Voitures et appareils p. la carie.	Méd. d'argent.	3	76
LALBIN.	*Maine-et-Loire.*	Treillages.	Méd. de bronze.	4	92
LA LOGE.	*Mayenne.*	Charrues.	Ment. honorable.	1	42
LA MAZURE.	*Mayenne.*	Charrues.	Ment. honorable.	1	42

NOMS DES EXPOSANTS.	DÉPARTEMENTS	DÉSIGNATION DES OBJETS RÉCOMPENSÉS.	RÉCOMPENSES OBTENUES.	Indication de la Section.	Pages du Rapport.
LAMBERT.	*Mayenne.*	Lustre en ardoises.	Ment. honorable.	4e	106
LANDEAU et Cie.	*Sarthe.*	Marbres.	Méd. d'or.	5	145
LANDELLE.	*Mayenne.*	Tableaux.	Vase de Sèvres.	5	109
DE LANDEVOISIN.	*Mayenne.*	Fleurs et plantes.	Vase de Sèvres.	1	47-52
LANGLOIS.	*Mayenne.*	Cheminées.	Ment. honorable.	3	80
LARDEUX.	*Mayenne.*	Broderies.	Méd. d'argent.	4	97
LARDEUX.	*Mayenne.*	Horticulture.	G. Méd. d'argent.	1	49-52
DE LATOUCHE.	*Mayenne.*	Tableaux.	Méd. d'argent.	5	117
DE LAUNAY (Mme).	*Mayenne.*	Fleurs et plantes.	G. Méd. d'argent.	1	49-52
LEBRETON-COUPEL (Mme).	*Mayenne.*	Broderies.	Ment. honorable.	4	98
LE CLERC (Edouard).	*Mayenne.*	Sculpture.	Ment. honorable.	5	130
LECLERC frères.	*Ille-et-Vilaine.*	Verrerie.	Méd. d'argent.	4	104
LECLERC (Léon).	*Mayenne.*	Fruits et légumes.	G. Méd. d'argent.	1	50
LECONTE.	*Ille-et-Vilaine.*	Montres à réveil et curseur.	Méd. d'argent.	3	77
LECONTEUR et DEVILLIERS.	*Ille-et-Vilaine.*	Conserves alimentaires.	Ment. honorable.	4	102
LEFÈVRE père et fils.	*Sarthe.*	Horticulture.	G. Méd. d'argent.	1	48-51
LEGRAND (Mlle).	*Mayenne.*	Fleurs artificielles.	Ment. honorable.	4	106
LEMOINE.	*Maine-et-Loire.*	Bannière et dais.	Méd. d'argent.	4	97
LENEVEU (Mlle).	*Loire-Inférieure*	Corsets.	Méd. de bronze.	4	99
DE LÉON (Mme).	*Ille-et-Vilaine.*	Tableaux.	Méd. d'argent.	5	121

NOMS DES EXPOSANTS.	DÉPARTEMENTS.	DÉSIGNATION DES OBJETS RÉCOMPENSÉS.	RÉCOMPENSES OBTENUES.	Indication de la Section.	Pages du Rapport.
LEPANNETIER.	*Mayenne.*	Cuves en terre cuite.	Méd. de bronze.	1e	43
LE PELLETIER.	*Mayenne.*	Cartes à jouer.	Ment. honorable.	4	96
LEROUX.	*Ille-et-Vilaine.*	Cuirs.	Méd. d'argent.	4	84
LETAROUILLY.	*Ille-et-Vilaine.*	Bougies.	Méd. de bronze.	4	103
LETERME.	*Mayenne.*	Chaussures.	Méd. de bronze.	4	88
LETESSIER (Basile).	*Mayenne.*	Paillassons.	Ment. honorable.	4	106
LETESSIER dit PAYS.	*Mayenne.*	Charrues.	Méd. d'or.	1	41
LETESSIER.	*Mayenne.*	Serrures.	Ment. honorable.	3	81
LÉVÊQUE.	*Loire-Inférieure*	Serrures et pains d'autel.	Ment. honorable.	3-4	81-106
LEVÊQUE-BÉRANGERIE.	*Mayenne.*	Pouliches.	G. Méd. d'argent.	1	36
LOOTZ.	*Loire-Inférieure*	Machine à battre.	Méd. d'or.	1	44
LORY.	*Mayenne.*	Oiseaux empaillés.	Méd. d'argent.	4	103
		M.			
MACÉ.	*Mayenne.*	Instruments en fer et acier.	Ment. honorable.	3	81
DE MADDEN.	*Mayenne.*	Verrat Hampshire.	G. Méd. d'argent.	1	37
MADIOT.	*Mayenne.*	Durham-Manceau.	Méd. de bronze.	1	36
MANSEY-GONTIER.	*Mayenne.*	Coutils de literie.	Méd. de bronze.	2	65
MARCHAND.	*Mayenne.*	Dents artificielles.	Ment. honorable.	4	100
MARIÉ.	*Mayenne.*	Fers.	Méd. d'or.	3	74

NOMS DES EXPOSANTS.	DÉPARTEMENTS.	DÉSIGNATION DES OBJETS RÉCOMPENSÉS.	RÉCOMPENSES OBTENUES.	Indication de la Section.	Pages du Rapport.
MARIE, BRETONNIÈRE et Cie.	*Mayenne.*	Tissus.	Méd. d'or.	2e	62
MARTIN.	*Ille-et-Vilaine.*	Fourrures.	Méd. d'argent.	4	85
MARTINET.	*Mayenne.*	Câbles et cordages.	Méd. d'argent.	4	104
MERCIER et Cie.	*Mayenne.*	Cotons.	Méd. d'or.	2	36
MESSAGER.	*Mayenne.*	Tableaux.	Méd. d'argent.	5	124
MONANTEUIL.	*Sarthe.*	Tableaux.	Méd. d'argent.	5	120
MORANNE.	*Mayenne.*	Sabots.	Méd. de bronze.	4	88
MORICE.	*Mayenne.*	Lithographie.	Méd. d'argent.	4	95
MOTTIER.	*Mayenne.*	Horticulture.	G. Méd. d'argent.	1	48-51
MOULINAIS-BARBREL.	*Mayenne.*	Coutils.	Méd. d'argent.	2	65
DE MOULINS.	*Mayenne.*	Durham-Manceau.	G. Méd. d'argent.	1	36
MOUSSIER.	*Loire-Inférieure*	Verres de lunettes.	Méd. d'argent.	5	77
MUSSARD.	*Ille-et-Vilaine.*	Tableaux.	Ment. honorable.	5	122
		N.			
NABOULET.	*Sarthe.*	Savons.	Méd. d'argent.	4	104
NANTAIS.	*Mayenne.*	Charrues.	Ment. honorable.	1	42

NOMS DES EXPOSANTS.	DÉPARTEMENTS.	DÉSIGNATION DES OBJETS RÉCOMPENSÉS.	RÉCOMPENSES OBTENUES.	Indication de la Section.	Pages du Rapport.
		O.			
OBERTHUR.	*Ille-et-Vilaine.*	Lithographie.	G. Méd. d'argent.	4e	94
OGER.	*Mayenne.*	Broderies.	Ment. honorable.	4	98
Orphelines d'Ernée.	*Mayenne.*	Broderies.	Ment. honorable.	4	99
Orphelines de Laval.	*Mayenne.*	Broderies.	Ment. honorable.	4	98
Orthe (Forges d').	*Mayenne.*	Fontes.	Méd. d'or.	3	74
OTTOZ.	*Ille-et-Vilaine.*	Encadrements.	Méd. d'argent.	5	148
		P.			
PAGNET.	*Mayenne.*	Meubles rustiques.	Ment. honorable.	4	93
PAILLARD.	*Ille-et-Vilaine.*	Tableaux.	Ment. honorable.	5	125
PELLAUMAIL, DURAND et Cie.	*Maine-et-Loire.*	Toiles.	Méd. d'argent.	2	60
PELLIER frères.	*Sarthe.*	Conserves.	G. Méd. d'argent.	4	100
PELLIER.	*Mayenne.*	Bougies et chandelles.	Ment. honorable.	4	103
PEPIN.	*Mayenne.*	Encadrements.	Méd. de bronze.	5	148
PETEL et Cie.	*Seine-Inférieure.*	Cotons imprimés.	«	2	70
PIEDNOIR et GONTIER.	*Mayenne.*	Coutils.	Méd. d'or.	2	62
PINEAU.	*Maine-et-Loire*	Mouchoirs de couleur.	Ment. honorable.	2	61
PLANCHET.	*Ille-et-Vilaine.*	Tableaux.	Méd. d'argent.	5	121

NOMS DES EXPOSANTS.	DÉPARTEMENTS.	DÉSIGNATION DES OBJETS RÉCOMPENSÉS.	RÉCOMPENSES OBTENUES.	Indication de la Section.	Page du Rapport.
POIRIER.	*Loire-Inférieure*	Chaussures.	Méd. d'argent.	1e	86
POIRIER (Mlle).	*Ille-et-Vilaine.*	Tricots.	Méd. de bronze.	2	68
POIRIER-GANDON.	*Sarthe.*	Marbres.	Méd. de bronze.	5	147
POMMIER (Mme).	*Mayenne.*	Corsets.	Ment. honorable.	4	99
PORCHER.	*Mayenne.*	Sabots.	Ment. honorable.	4	89
Port-Brillet (Forges du).	*Mayenne.*	Fontes.	Méd. d'or.	3	71
POSTIL.	*Mayenne.*	Charrues.	Ment. honorable.	1	42
POURIAU.	*Sarthe.*	Calèche.	Méd. d'argent.	3	76
POUTEAU-SIMON.	*Mayenne.*	Cotonnades.	Méd. de bronze.	2	65
PRAUD.	*Mayenne.*	Pompes et fourneaux.	Méd. de bronze.	3	78
PÉRAUBERT.	*Maine-et-Loire.*	Vases à crème.	Méd. de bronze.	4	43
PRIOU.	*Maine-et-Loire.*	Chocolats.	Méd. de bronze.	4	102
		Q.			
DE QUATREBARBES.	*Mayenne.*	Verrats.	Ment. honorable.	1	37
		R.			
RABBE.	*Mayenne.*	Toiles.	Méd. de bronze.	2	61
René et Fiacre BOURDAIS.	*Mayenne.*	Ardoises.	Méd. de bronze.	3	70

NOMS DES EXPOSANTS.	DÉPARTEMENTS.	DÉSIGNATION DES OBJETS RÉCOMPENSÉS.	RÉCOMPENSES OBTENUES.	Indication de la Section.	Pages du Rapport.
RENOUS.	*Sarthe.*	Résines.	Méd. d'argent.	4e	104
RENOUS.	*Mayenne.*	Architecture.	Vase de Sèvres.	5	132
RENOUS.	*Mayenne.*	Irrigations.	G. Méd. d'argent.	1	33
RIBY.	*Maine-et-Loire.*	Meule.	Méd. d'argent.	3	78
RICHARD.	*Mayenne.*	Cierges.	Ment. honorable.	4	105
RIGOT (Léon).	*Mayenne.*	Tissus.	«	2	59
ROBERT.	*Mayenne.*	Appareil distillatoire.	Méd. de bronze.	3	78
DE ROBIEN.	*Mayenne.*	Taureau Durham-Charollais.	G. Méd. d'argent.	1	33
ROBIN.	*Mayenne.*	Meubles.	Méd. de bronze.	4	92
ROSNEY.	*Calvados.*	Cotons.	«	2	58
ROUSSEAU.	*Ille-et-Vilaine.*	Billard.	Méd. d'argent.	4	91
ROUSSEAU.	*Sarthe.*	Parquets.	Méd. d'argent.	4	92
ROUSSEL.	*Mayenne.*	Fontes.	Méd. d'or.	3	74
ROUSSEL-PILATRIE.	*Mayenne.*	Coutils.	Méd. de bronze.	2	65
ROUSSIN-ELIAS.	*Ille-et-Vilaine.*	Orge et grains perlés.	G. Méd. d'argent.	1	59
ROUTIER.	*Mayenne.*	Chapeaux.	Ment. honorable.	4	89
RUAL.	*Ille-et-Vilaine*	Meubles.	Méd. de bronze.	4	92
		S.			
SAILLOT.	*Mayenne.*	Meubles.	G. Méd. d'argent.	4	91

NOMS DES EXPOSANTS.	DÉPARTEMENTS.	DÉSIGNATION DES OBJETS RÉCOMPENSÉS.	RÉCOMPENSES OBTENUES.	Indication de la Section.	Pages du Rapport.
Saint-Joseph (Dames de)	*Mayenne.*	Broderies.	Ment. honorable.	4e	98
SARRAZAIN (Mlles).	*Mayenne.*	Fleurs artificielles.	Méd. de bronze.	4	105
SAVARY.	*Mayenne.*	Guêtres.	Méd. d'argent.	4	86
SCHWEIGER.	*Mayenne.*	Appareil distillo-évaporatoire.	Méd. d'argent.	3	77
SIGO.GNE.	*Mayenne.*	Tableau.	Ment. honorable.	5	127
SIMON.	*Mayenne.*	Chaussures.	Méd. d'argent.	4	87
Sœurs des écoles d'Ernée (Les).	*Mayenne.*	Chemises confectionnées.	Ment. honorable.	4	98
STUBENRAUCH.	*Mayenne.*	Machine à battre, et pressoirs.	Méd. d'or.	1	43-44
		T.			
TALLOIS.	*Mayenne.*	Instruments de mathématiques.	Ment. honorable.	3e	80
THÉARD.	*Ille-et-Vilaine.*	Serrures de coffre-fort.	Méd. de bronze.	3	79
THIERRY.	*Maine-et-Loire.*	Vitraux peints.	Méd. d'argent.	5	136
TIROUFLET.	*Mayenne.*	Tissus.	«	2	59
THUAU.	*Mayenne.*	Durham-Manceau.	Méd. de bronze.	1	36
THUILLERIE.	*Mayenne.*	Teinture et apprêts.	Méd. de bronze.	2	69
TONNELLIER.	*Sarthe.*	Papiers.	G. Méd. d'argent.	4	94
Trappistes (Les).	*Mayenne.*	Fromages.	Méd. de bronze.	4	105
TROTTIER.	*Maine-et-Loire.*	Poutre en tôle et en bois.	Méd. de bronze.	3	80

NOMS DES EXPOSANTS.	DÉPARTEMENTS.	DÉSIGNATION DES OBJETS RÉCOMPENSÉS.	RÉCOMPENSES OBTENUES.	Indication de la Section	Pages du Rapport.
		V.			
VANNIER.	*Mayenne.*	Meubles.	Ment. honorable.	4e	93
VANNIER.	*Mayenne.*	Pressoir.	Ment. honorable.	1	42
VANNIER.	*Mayenne.*	Courses.	Méd. de bronze.	2	64
DE VALBERNIER.	*Mayenne.*	Racines de grande culture.	Ment. honorable.	1	38-39
Id.	*Mayenne.*	Fruits et légumes.	G. Méd. d'argent.	1	50
VAULTIER (Mme).	*Ille-et-Vilaine.*	Corsets.	Ment. honorable.	4	99
VERDIER frères.	*Sarthe.*	Toiles.	Méd. d'or.	2	60
VERGER (Mlle).	*Mayenne.*	Tapis à la main.	Méd. de bronze.	2	68
VETILLARD.	*Sarthe.*	Fils.	G. Méd. d'argent.	2	69
VIEL.	*Mayenne.*	Chanvre.	Ment. honorable.	1	59
VIOT.	*Mayenne.*	Poterie.	Méd. de bronze.	3-5	80-137

APPENDICE.

I.

CANTATE COMPOSÉE POUR LES FÊTES DE L'EXPOSITION DE L'INDUSTRIE DE LA MAYENNE.

PAROLES DE M. A. LEFIZELIER,

Vice-président de la Société de l'Industrie.

MUSIQUE DE M. BEAUCHÊNE,

Professeur de musique à Laval.

« Ainsi qu'une jeune captive,
« Couchée indolente ou craintive
« Dans les palais orientaux,
« Tranquille et murmurant à peine,
« Tu dors, ô ma belle Mayenne,
« Aux pieds de tes riches coteaux.

CHŒUR.

« Réveille-toi ! l'honneur t'appelle
« Au milieu de rivaux brûlants d'activité ;

« Le concours est ouvert, la récompense est belle,
« Car le prix c'est la gloire et la prospérité.

« Expose à nos yeux la richesse
« Que dans ton sein avec largesse
« Renferme la bonté de Dieu,
« Tes lins source de ta fortune,
« Tes fers brillants, ta fonte brune,
« Ton beau marbre et ton granit bleu.

Sortis du cœur de tes vieux chênes
Ou du bois veiné de tes frênes,
Montre nos meubles de salon;
Montre ce qu'un artiste habile,
En fouillant un bois indocile,
Fit pour la chapelle d'Evron!

« Réveille-toi, etc.

Par le secours de nos machines,
Arrache du fond de tes mines
Ces charbons, prix d'un dur labeur!
Grâce à tes écluses nouvelles,
Sur tes eaux j'entrevois les ailes
Des bateaux mus par la vapeur.

Tes fours nombreux, pleins de calcaire,
Déjà dévorent la matière
De l'anthracite sulfureux;
Espoir de la moisson prochaine,
Voici la chaux blanche du Maine,
Produit de leurs flancs ténébreux.

« Réveille-toi, etc.

Où sont de ta riche fabrique
Les tissus qui dans l'Amérique

Sont vendus sous des noms anglais,
Et, rivales de la Hollande,
Tes belles toiles que demande
La beauté voilant ses attraits!

« D'aucuns pays ne sois jalouse!
« N'as-tu pas la verte pelouse
« De tes prés émaillés de fleurs,
« De frais vallons, de doux ombrages,
« De belles eaux sur tes rivages
« Du ciel réflétant les couleurs.

« Réveille-toi, etc.

« En poissons tes étangs abondent;
« Dans tes bois les échos répondent
« Aux voix des chiens, aux sons du cor;
« Le sanglier fuit de son bouge....
« Et dans tes champs la perdrix rouge
« Se cache sous les épis d'or.

« Dans les fastes de notre histoire
« Le peuple a gardé la mémoire
« De tes fils au nom vénéré;
« Apôtres de la bienfaisance,
« Vous avez illustré la France,
« Cheverus, Ambroise Paré.

« Réveille-toi, etc.

Nota. L'étendue de la cantate n'a permis de mettre en musique que les strophes indiquées par des guillemets.

II.

LES FÊTES DE SEPTEMBRE A LAVAL.

. . . . . . Nous arrivâmes, L... et moi, à Laval, le samedi 4 septembre au matin. Laval, que naguères j'avais vu si calme, si paisible, n'avait plus sa physionomie habituelle. C'était une foule bruyante, un va et vient perpétuel qui annonçait l'approche d'une fête. La journée fut employée à chercher une chambre, un réduit quelconque, (ce qui ne fut pas facile tant les hôtels regorgeaient de voyageurs), et ensuite à donner un coup-d'œil à l'Exposition, et à visiter plusieurs des chars qui devaient figurer dans la cavalcade du lendemain, et que l'on achevait de construire et de décorer sous de vastes hangards.

Le soir, il y avait grand bal à la Préfecture. C'était le commencement des fêtes, et je dois le dire, ce commencement nous donna un agréable avant-goût de ce qui devait suivre. Le bal était nombreux, brillant, animé : tout le département était là — en grand uniforme, comme dirait madame de Léris. Je ne vous parlerai pas des fraîches toilettes, des femmes élégantes qui s'y trouvaient, ni du splendide souper qui le termina ; ces choses là se voient un peu partout. Mais ce qui est moins commun, c'est l'exquise affabilité de madame la vicomtesse de Ch..., la belle maîtresse du lieu, qui faisait les honneurs de ses salons avec une grâce charmante. Elle eût certainement retenu ses heureux invités jusqu'aux premières lueurs de l'aurore, si les jeunes danseurs qui devaient faire partie de la cavalcade, n'eussent senti, vers deux heures, qu'il était temps d'aller prendre quelques moments de repos.

La grande affaire, était la cavalcade du dimanche. C'est ce dont on parlait le plus depuis un mois, c'est ce qui devait attirer le plus de monde. De bonne heure, je parcourais les rues encombrées déjà de promeneurs. Elles revêtaient un air de fête : on pavoisait les maisons, on y appendait des guirlandes. Dans plusieurs endroits, on couvrait le pavé de sable. Les routes des environs de la ville offraient un spectacle curieux ; elles étaient couvertes d'habitants de la campagne, à pied, à cheval, ou traînés dans des véhicules de toutes les formes. Hommes, femmes, enfants, vieillards, tous avaient quitté le village. C'était une émigration complète. . . . . .

. . . . . Enfin une heure arriva, moment fixé pour le départ du cortège. Le ciel menaçant dans la matinée, s'était rasséréné, et le soleil, comme s'il eût voulu montrer qu'il prenait part à la fête, se dégagea des nuages et resplendit, faisant miroiter les casques, les cuirasses et les épées.

Autant nous détestons les mascarades grotesques et ridicules du Carnaval, autant nous aimons ces grandes cavalcades, ces chevauchées historiques qui sont devenues si fort à la mode depuis quelque temps. Il nous semble que c'est un noble plaisir pour les jeunes gens, et quoique nous ne soyons plus hélas ! de la jeunesse, il nous a souvent pris envie de figurer dans un de ces splendides cortèges. — Laurent de Médicis ne dédaignait pas d'en organiser et d'en conduire lui-même au milieu des rues de Florence. — C'est à nos yeux un moyen puissant de moraliser les classes pauvres de la société (1) et de les instruire en les amusant. L'histoire des personnages que l'on représente, le détail des costumes de l'époque, les noms des hommes illustres écrits en lettres d'or sur les chars emblématiques, toutes ces choses que sans cela bien des gens ignoreraient peut-être toujours, resteront gravés dans leur mémoire. Enfin ces cavalcades sont essentiellement des œuvres de charité ; des quêteurs les accompagnent, et glanent pour les pauvres une moisson abondante.

Revenons à la cavalcade de Laval. Son but était d'honorer la mémoire de Béatrix de Gâvres, cette princesse flamande, qui vers 1290 épousa Guy IX, seigneur de Laval, fit venir de son pays natal, des ouvriers tisserands, et importa à Laval l'art de tisser les toiles et de les blanchir. Le choix seul du sujet était une heureuse idée, car un peuple doit toujours conserver et honorer le souvenir de ceux qui ont contribué à son illustration et à sa richesse. La reconnaissance pour les peuples comme pour l'homme pris individuellement, est la plus belle et la plus sainte des vertus. Si l'idée était heureuse, la réalisation ne l'était pas moins. La fête était très habilement organisée (2) et nous avouerons que nous étions loin de nous attendre à un aussi beau résultat.

(1) A Laval, le jour de la cavalcade, pendant lequel cependant, la population avait plus que triplé, aucun acte répréhensible n'a été commis ; pas une rixe, pas une scène de tapage.... Le soir, la police n'a pas rencontré un homme ivre !...

(2) L'honneur doit en revenir pour la plus grande part à MM. H. Lagrange et A. Boutreux, président et secrétaire de la cavalcade, qui ont montré dans l'organisation si difficile d'une fête semblable, un zèle et un dévouement sans bornes. Ils étaient du reste activement secondés par MM. Emile Toutain, régisseur, Louis La Beaulùère, trésorier, et Charles Veillard, Édouard

Pendant plus de cinq heures, au milieu d'une foule enthousiaste, au travers des rues sablées, pavoisées de tentures et d'oriflammes aux armes de Guy IX et de Béatrix (1), on vit défiler les héraults d'armes, les trompettes, les écuyers, les archers, les équipages de chasse, comme dans les triomphes d'Albert Durer, avec les meutes, les chasseurs sonnant des fanfares et portant des trophées de gibier, les pages, les chevaliers vêtus d'acier, les casaques armoriées, les fous, les astrologues, les jongleurs, les dames d'honneur, et enfin Guy et Béatrix sur une blanche hacquenée. A la suite de ce long cortège venaient des chars emblématiques : celui de l'*horticulture*, conque de verdure semée de fleurs, dans laquelle se jouaient au milieu d'un océan de pointes d'asperges, de petits enfants vêtus de gaze et ailés comme des papillons, emblêmes des zéphyrs qui caressent les plantes de leur souffle embaumé.

Celui de l'*agriculture*, avec une maison couverte de chaume, des instruments aratoires, des gerbes de blé, un microcosme de la vie des champs, tout un petit monde de paysans et de paysannes, conduit et escorté par les élèves de la Ferme-Ecole vêtus en Bas-Bretons.

Celui des *beaux-arts*, surmonté d'une statue colos-

Métairie et H. Rubillard, administrateurs. — C'est M. Chomereau, professeur de dessin à Laval, qui avait donné le modèle de plusieurs des chars. — Enfin les costumes avaient été confectionnés chez M. Moreau, costumier, à Paris, rue Richelieu.

(1) Ces armes étaient partout reproduites ; elles sont pour les seigneurs de Laval, d'or à la croix de gueules, chargée de cinq coquilles d'argent, et cantonnées de seize alerions d'azur. — Les armes de Gâvres sont d'or au lion de gueules passant, couronné, armé et lampassé d'azur.

sale du génie de la France, avec de belles jeunes filles en costume antique, symbolisant la peinture, la musique, la poésie et la sculpture.

Celui des *chaufourniers*, immense four à chaux, traîné par un magnifique attelage de 14 chevaux.

Le *char des fabricants*, admirable d'élégance, avec ses navettes, ses volues, ses lames de tisserand, ses quenouilles, ses écheveaux et ses chaînes de cotons de toutes les nuances et de toutes les couleurs : couvert de jeunes filles, filant, dévidant et tissant.

Enfin, le *char des mines*, un chef-d'œuvre, majestueusement terrible, avec ses immenses tonnes remplies de charbon, ses panoplies composées de tous les instruments des mineurs, marteaux, pics, barres, épinglettes, escoupes, ses guirlandes retentissantes de chaînes, ses soleils de cartouches, entouré de 60 mineurs en costume de travail et la lampe allumée au front. L'aspect était sublime et donnait bien l'idée de cette industrie sombre, mère de toutes les autres, qui va chercher dans les profondeurs antédiluviennes, le charbon, générateur de cette force sans bornes qui a révolutionné le monde, et que nous appelons la vapeur. — Quand ces chars, quand ce brillant cortège se développa sur le vaste Champ-de-Foire, dont les talus étaient couverts d'une foule innombrable, ce fut un immense hourrah, un immense applaudissement. — 18,000 personnes battirent des mains à la fois. Beaucoup qui étaient venus pour rire des Lavallois, ne furent qu'enchantés et émus. Plusieurs même étaient assez sots pour ne pouvoir retenir une larme. J'avoue que j'étais de ceux-là....

Le programme des fêtes annonçait pour le lendemain,

des jeux sur l'eau. L'emplacement avait été admirablement choisi, dans ce beau et large bassin situé entre les deux ponts et le quai neuf, et au-dessus duquel s'échelonne en amphithéâtre la ville noire, dominée par sa tour féodale et le château des seigneurs de Laval.

Nous ne dirons rien de ces jeux sur l'eau (courses aux canards, aux lingots d'or, mât de beaupré, etc.), exécutés par une soixantaine de gaillards au torse nu, qui n'avaient aucun rapport avec l'Antinoüs et le Lutteur de la galerie des antiques. Ce qu'il y avait de mieux, ce n'était pas le spectacle, c'étaient les spectateurs, c'était l'ensemble de cette population heureuse et animée, couvrant les deux ponts, le quai, les terrasses et les jardins de la rive gauche, foule compacte diaprée de brillantes toilettes, qui avait envahi tous les points d'où l'on pouvait apercevoir quelque chose.

Toute cette foule s'est ensuite portée sur le Champ de foire, où d'autres jeux publics étaient organisés et s'est livrée à une joie enfantine à la vue des courses en sacs avec têtes grotesques. Le soir il y avait concert sur l'eau, dans ce même bassin où les jeux s'étaient passés dans la matinée. Les maisons, les jardins, les terrasses du bord de la rivière étaient illuminés ; des barques pavoisées et éclairées couraient sur la rivière. A huit heures le concert a commencé ; l'excellente musique du 5me de ligne, des chœurs, des trompes de chasse placés sur des barques, faisaient entendre tour à tour des harmonies qui à demi-couvertes par le sourd bruissement d'une foule immense, basse formidable d'un invisible orchestre, et adoucies par l'éloignement, n'en avaient que plus de charme et de poésie.

Le mardi, troisième jour de fêtes, devait offrir aux Lavallois et aux étrangers restés à Laval, le spectacle nouveau pour nos populations d'une ascension aérostatique. Au grand désappointement de la foule, il a été impossible à M. Deschamps, qui pourtant a fait à Paris de si belles et de si audacieuses ascensions, de s'élever dans son magnifique ballon, que le gaz n'a pu remplir. Mais le dimanche suivant, il a pris sa revanche, et le bel aérostat s'est élancé majestueusement au milieu d'un ciel sans nuage, emportant toutes les imaginations avec lui. Car il n'était personne qui à ce moment, ne songeât avec ravissement, à cette époque fortunée que verront nos neveux, où il sera donné à l'homme de voguer en liberté au milieu des plaines éthérées, de planer au-dessus des rivières semblables à des rubans déroulés, et au-dessus des villes pareilles à des fourmillières, et de voir son ombre se refléter sur les nuages empourprés des plus hautes régions.

Je ne vous dirai rien du feu d'artifice de la soirée du mardi, trop mesquin pour d'aussi belles fêtes, et qui a eu le tort de se faire un peu attendre, — ce qui est toujours un manque de procédé même pour un feu d'artifice. J'arrive de suite à l'illumination, une des choses les plus splendides au milieu de toutes ces splendeurs. Chacun avait compris que cette fête était la fête de tous, et avait fait de son mieux pour contribuer à la beauté de l'ensemble. Presque toutes les maisons particulières étaient illuminées et dessinaient à chacun de leurs étages des cordons scintillants de verres de couleur et de lampions. Plusieurs y avaient joint des transparents, des inscriptions faisant allusion à la fête pacifique que l'on célébrait. Les lieux publics, les cafés, les cercles se distinguaient surtout par la beauté de leurs illuminations (1). La Préfecture brillait de mille feux, l'Hôtel-de-Ville étincelait comme un écran colossal, ouvert dans la nuit par la main d'un Génie. Les arbres des deux promenades qui se trouvent à l'entrée du Pont-Neuf étaient chargés de lanternes vénitiennes, fruits fulgurants de toutes les formes et de toutes les nuances. Si vous m'accusiez d'un lyrisme exagéré, je vous dirais qu'il n'est pas pour moi de plus charmant plaisir, qu'une promenade au milieu d'une ville illuminée, et d'une population en liesse. Du reste, pour l'homme le plus froid, le spectacle, vu du quai neuf, était vraiment merveilleux. On apercevait au fond l'Hôtel-de-Ville resplendissant de guirlandes, de lustres, d'oriflammes tricolores en verres de couleur; les lanternes balancées par le vent du soir aux branches des arbres de la Promenade, se réflétaient dans les eaux de la Mayenne qui semblait une rivière de pierreries en fusion. Des barques pavoisées et éclairées couraient, çà et là, et disparaissaient tout-à-coup sous les sombres arches du pont, comme dans un gouffre noir. Les maisons, les jardins, les terrasses de la rive gau-

(1) Le programme des fêtes annonçait que des médailles commémoratives seraient distribuées aux particuliers qui pendant le temps des fêtes se seraient distingués par leurs illuminations. Une commission nommée par le maire de Laval a décerné ces médailles:

1° *Au Cercle de l'Aurore*, surmonté d'une immense étoile lumineuse qui s'apercevait à plus de deux lieues.

2° *Au Cercle Napoléon*, dont le balcon était décoré d'une double guirlande de verdure et de verres de couleur du plus gracieux effet.

3° *Au Cercle de la rue du Lycée*, et 4° à MM. *Bouleau et Bordeau*, rue Joinville, dont les illuminations étaient remarquables.

che, couverts comme la veille, d'illuminations, miroitaient dans l'eau qui brisait et multipliait à l'infini ces phosphorescences. Au-dessus, la vieille tour dessinait sa noire silhouette, et le château, couronné d'un diadème d'escarboucles, complétait la décoration. De temps à autre des feux de Bengale s'allumaient comme par enchantement et éclairaient toute la scène de ces lueurs bleuâtres ou rougeâtres semblables à la lumière d'un soleil de minuit au pôle nord. C'était splendide comme un conte des *Mille et une Nuits*, ou comme le dernier tableau d'une pièce fantastique de la Porte Saint-Martin.

Les deux derniers jours de fêtes étaient réservés au grand Festival donné par la Société philharmonique de Laval, au bénéfice des pauvres : le mercredi, grand concert, le jeudi, bal dans les salles de l'Hôtel-de-Ville.

Je ne crois pas de ma vie, avoir vu foule pareille à celle qui, le soir du concert, encombrait dès sept heures, non-seulement les salles, mais encore les vestibules, les escaliers de l'Hôtel-de-Ville, cohue magnifique du reste, où brillaient les plus splendides toilettes. A force de persévérance, je parvins à me glisser derrière un pilier, d'où, si je voyais peu, au moins je pouvais entendre. Il fallut ma passion désordonnée pour la musique, et il faut le dire, la beauté du concert, pour me retenir pendant plus de cinq heures pressé, broyé contre mon pilier de marbre.

L'orchestre de la Société, renforcé d'un grand nombre d'amateurs des villes environnantes, et admirablement conduit par son chef d'orchestre, exécuta avec une perfection qu'on ne s'attendait point à trouver à Laval, l'ouverture si brillante, si pétillante d'esprit français de *Zampa*, et la magnifique introduction de la pastorale de Beethoven. L'ouverture et l'introduction de *Guillaume Tell* laissèrent un peu à désirer. Dans l'introduction on put admirer la belle voix d'un jeune amateur Lavallois, qui jeta avec une énergie et une puissance extraordinaires, le cri sublime de Guillaume Tell : *Il chante ! et l'Helvétie pleure encore sa liberté !*

La partie vocale reposait sur Mlle Lavoye et M. Poultier, deux artistes de Paris, deux réputations. Mlle Lavoye chanta avec cette perfection, cette prodigieuse flexibilité de voix, cette délicatesse exquise que chacun lui connaît, un air de l'*Ambassadrice* et l'air des fleurs de la *Fée aux roses.* Les couplets de la *Coupe de Galathée*, qui demandent la tunique antique, la coupe couronnée de roses, la mise en scène en un mot, produisirent moins d'effet. Pour M. Poultier, il dit avec un grand bonheur et une grande suavité, la romance : *Mon beau pays de France*, des *Deux nuits*, et surtout le grand air du *Sommeil de la Muette.*

La Société philarmonique avait fait grandement les choses. Nous avions pour la partie instrumentale M. Savary, jeune premier prix du Conservatoire, qui exécuta avec une précision et une perfection toutes magistrales l'œuvre capitale de Thalberg, la *Somnambula*, si difficile, si hérissée de difficultés, et enfin M. Bazzini.

Nous ne croyons faire injure à aucun des artistes qui concouraient avec lui à la beauté du Festival, en disant que les plus grands honneurs de la soirée ont été

12.

pour M. Bazzini. Si son coup d'archet, sa main droite, comme l'on dit, laissent un peu à désirer, quelle perfection dans la main gauche, quel doigté, quelle justesse dans les notes suraigues et dans ces grands arpèges qui embrassent je ne sais combien d'octaves! Quelle netteté dans ces doubles cordes, dans ces accompagnements en pizzicato! Italien comme Paganini, et appartenant à l'école de ce grand maître, il fait la difficulté sans s'en apercevoir, en se jouant, ou plutôt la difficulté n'existe pas pour lui. Ce n'est pas tout: à cette perfection du mécanisme, il joint, ce qui est bien plus rare, et ce qui constitue le véritable artiste, la passion, la sensibilité, l'âme, ce je ne sais quoi qui n'a de nom dans aucune langue, et qui est l'essence même de l'art, ce quelque chose qui vous fait pleurer et vous entraîne dans les régions célestes de l'enthousiasme. Il faut avoir entendu Bazzini pour savoir quelle passion, quel désespoir il met dans son final de *Lucie*, avec quelle tristesse il rend l'élégie de Ernst... Je ne vous dirai rien de son quatuor des *Puritains*, c'est un prodige: les quatre cordes de l'instrument semblent vibrer ensemble et faire entendre simultanément quatre parties distinctes, — ni du *Carnaval de Venise*, qu'à la demande générale il joua à la fin du concert. Je ne sais si Paganini, son maître, l'eût mieux exécuté. Je vous dirai seulement qu'il a excité un enthousiasme immense qui à la fin allait jusqu'au délire...

Le concert se termina par une cantate composée pour cette solennité et exécutée avec beaucoup d'ensemble par l'orchestre et une masse chorale de 80 voix qui avait déjà rendu avec bonheur le chœur d'introduction de *Guillaume Tell*, et le chœur si poétique des *Gardes forestiers du Songe d'une nuit d'été*. Les paroles et la musique de la cantate étaient composées par des Lavallois ; et certes elle valait mieux que beaucoup d'autres qu'on entend dans de semblables solennités.

Le lendemain, jour du bal, l'Hôtel-de-Ville était transformé ; c'était un changement de décoration à vue. Des tapis s'étendaient sur les dalles de granit et de marbre des vestibules et des escaliers, et allaient le long même des degrés extérieurs, recevoir au sortir des voitures le pied chaussé de satin des danseuses. Les escaliers, les péristyles étaient transformés en jardins ; partout des massifs énormes de verdure et de fleurs ; partout le lierre courait en spirales autour des colonnes et des balustrades... La salle de bal était splendide. Une décoration complète de velours cramoisi à crépines d'or, la transformait et la rendait méconnaissable. Les armes de la ville de Laval resplendissaient au milieu d'ornements de verdure semée de fleurs d'hortensia, enfin tout autour de la salle régnait une estrade pour les dames. L'orchestre de la Société philharmonique joua des quadrilles et des valses jusqu'à minuit. A ce moment, la musique du 3e de ligne vint le remplacer, et faire trembler la salle aux sons stridents de son orchestre de cuivre. On eût pu se croire chez Musard.

Pour nous qui depuis nombre d'années avons abandonné la danse, nous regardâmes longtemps avec plaisir, avec envie peut-être, ces jeunes hommes entraînant leurs danseuses couronnées de fleurs, dans le tourbillon des polkas et des valses à deux temps ; ces toilettes, ces femmes éblouissantes ou de beauté ou d'élégance ou de jeunesse ; nous eûmes même le courage de rester jusqu'à la fin d'un interminable cotillon qui termina gaiement le bal, à trois heures du matin. C'était la fin des fêtes de Laval ; le bal de la Société philharmonique les avait dignement clôturées (1).

L'animation continua quelque temps encore à Laval. La foire qui a lieu à cette époque et qui a une grande renommée dans le pays sous le nom d'*Angevine*, retint durant quelques jours les étrangers et le mouvement. Puis tout cela s'en alla peu à peu, le dernier lampion s'éteignit et tout retomba dans le calme. Les belles Lavalloises purent dire en soupirant comme *dona Sol :*

« Tout s'est éteint, flambeaux et lumières de fêtes ! »

De toutes ces joies, il ne restait déjà plus que quelques fleurs fanées, de vagues réminiscences des mélodies de Bazzini, ou de la valse dansée avec la per-

(1) Le concert et le bal de la Société philharmonique avaient été organisés par M. La Beauluère, père, président de la Société, et M. Jules Lefizelier, secrétaire, secondés de MM. Toutain, L. Letourneurs, L. Segretain et D'Aubert, membres de la commission. La Société avait du reste trouvé le plus puissant concours dans l'administration municipale représentée par M. Toutain, conseiller municipal faisant les fonctions de maire, au zèle et à l'activité duquel Laval est redevable en partie de la beauté de ses fêtes.

On doit les plus grands éloges à M. Joignant, ancien chef d'orchestre à la Société de Sainte-Cécile, et qui à force de talent et de persévérance avait transformé l'orchestre de la Société philharmonique de Laval. — De grands éloges sont également dûs à MM. Chevreux et Beauchêne, qui depuis deux mois faisaient répéter les chœurs et les dirigeaient d'une manière très intelligente.

La décoration de la salle de bal avait été fournie par M. Alexis Godillot, entrepreneur des fêtes du gouvernement à Paris, qui avait aussi organisé les illuminations et une partie des fêtes. La décoration des fleurs avait été exécutée par M. Georget, horticulteur, à Laval, sous les ordres de M. Renous, architecte de la ville.

sonne aimée ; souvenirs fugitifs et délicieux comme l'écho d'un rêve d'une nuit d'été.

Il y a toujours quelque chose de triste dans le lendemain d'une fête. Pour fuir cette tristesse nous partîmes et deux jours après nous chassions le chevreuil dans les bois si poétiques de B.....

S. R.

ERRATA.

PAGES 9. Note 2. A la liste des commissaires il faut ajouter : MM. Jules RICHARD, LA PLANTE, BOULEVRAYE, dont les noms ont été omis par erreur.

36. Ligne 24. Au lieu de à la *veuve Jouet*, lisez à la *veuve Genouël.*

87. Avant-dernière ligne, au lieu de *les beautés le plus...* lisez *les beautés les plus...*

91. Ligne 2. Au lieu de *Félix Badin*, lisez *Félix Babin.*

91. Avant M. Gaillard, lisez *Médailles d'argent, petit module.*

NOTA. — MM. Babin et Saillot ont seuls des médailles d'argent, grand module.

96. Au lieu de M. *Buffet*, relieur, lisez M. *Buffé.*

104. Ligne 11. Au lieu de M. *Baligaud*, lisez *Baligand.*

121. Dernière ligne, au lieu de *seulement*, lisez *seules.*

124. Ligne 14. Au lieu de *représentant le Vieux-Pont, prise du Grand-Port*, lisez *représentant une vue du Vieux-Pont, prise etc.*

124. Ligne 25. Au lieu de *conformément*, lisez *uniformément.*

132. Ligne 6. Au lieu de *n'ait figuré*, lisez *ne figurât.*

132. Ligne 12. au lieu de *confort*, lisez *comfort.*

132. Ligne 23. Au lieu de *c'était en partie*, lisez *c'est en partie...*

137. Ligne 13. Retranchez ces mots : *qu'il a exposés.*

137. Ligne 16. Au lieu de... *que depuis quelques années*, lisez *que de quelques années.*

TABLE DES MATIÈRES.

COMPTE-RENDU DE L'EXPOSITION, ET RAPPORTS DES DIVERSES SECTIONS DU JURY.

IMPRIMERIE DE H. GODBERT, LIBRAIRE, A LAVAL.

www.ingramcontent.com/pod-product-compliance
Ingram Content Group UK Ltd.
Pitfield, Milton Keynes, MK11 3LW, UK
UKHW020124200726
13856UKWH00002B/732